Le Monde
HORS-SERIE J

Connaissez-vous la France ?

Avec la collaboration de **Jean-Pierre Minaudier**,
agrégé d'histoire, professeur en classes préparatoires littéraires.

Avant-propos

S'il y avait un livre des paradoxes à écrire, il le serait sans nul doute en français.

Que connaît-on réellement de ce pays, dont la centralisation est une marque de fabrique, mais qui a été unifié au IIe siècle avant J.-C. par Rome ?

Que connaît-on de ce pays républicain et laïque, dont l'école fut inventée par Charlemagne (au moins dans la mémoire collective), dont Napoléon continue à habiter les rêves de grandeur et qui se pense aujourd'hui comme hier comme une puissance mondiale ?

Que connaît-on de ce patrimoine français qui a emprunté à toutes les cultures du monde ? De ce peuple de France constitué d'autant d'hommes venus d'ailleurs qu'il a de kilomètres de frontières (à géométrie extraordinairement variable au cours de l'histoire) ? De cette langue française aux multiples visages, qui emprunte sans cesse à d'autres pour inlassablement se construire ? Les Français sont souvent considérés comme fiers et arrogants ; pourtant, hors de ses frontières la France est souvent perçue comme attirante et irrésistible.

De cette identité à la fois insaisissable et évidente, ce cahier de quiz et jeux essaie de montrer toute la richesse, toute l'ambiguïté, en même temps que l'extraordinaire diversité.

Composition : Linéale Production.

Édité par la Société éditrice du Monde (SA)
80, bd Auguste Blanqui – 75013 Paris
Président du directoire, Directeur de la publication : Éric Fottorino
Imprimé en Italie par Stige – Via Pescarito, 110, 10099 San Mauro (TO)
Commission paritaire des journaux et publications : n° 0712 C 81975ISSN : 0395-2037
Dépôt légal : juin 2009.

Numéro hors-série réalisé en partenariat avec rue des écoles.

Sommaire

Une histoire commune ?

Un peu de **géographie**

La population française

Les Français et leur(s) **langue**(s)

À table chez les Français !

Cultures de France

Une histoire commune ?

Une histoire commune ?

Quelques dates

- 125-51 av. J.-C. : unification de la Gaule par Rome.
- 800 : sacre de Charlemagne qui reçoit la couronne impériale des mains du pape Léon III. Fondation de l'Empire carolingien.
- 842 : serments de Strasbourg.
- 843 : au partage de Verdun, l'Empire éclate en trois entités, la Lotharingie, la Francie occidentale et la Francie orientale.
- 987 : début de la dynastie capétienne qui met fin au règne des Carolingiens en Francie occidentale.

L'histoire commune des futurs Français commence avec l'unification de la Gaule par Rome. Les grandes invasions se soldent par une fragmentation politique qui dure jusqu'au rassemblement de l'Europe occidentale dans l'Empire carolingien ; l'éclatement de cet Empire donne naissance à la France, le plus vieil État d'Europe à avoir survécu jusqu'à nos jours. Cependant, les tendances centrifuges sont longtemps restées très fortes : il a fallu des siècles à Paris pour prendre le contrôle du Midi, des côtes de la Manche et de l'Atlantique ; des régions comme l'Alsace, la Lorraine et la Corse ont longtemps regardé dans d'autres directions.

Les serments de Strasbourg (843) constituent à la fois l'acte de naissance de la Francie occidentale, la future France, et celui de la langue française, puisque c'est le premier texte que nous ayons conservé en ancien français. Mais c'est également le premier texte conservé en tudesque : l'opposition entre France et Allemagne était déjà en germe, même si elle ne se cristallisa que plus tard. Chose curieuse, c'est le serment prêté par Louis le Germanique qui est en ancien français, tandis que celui de Charles le Chauve est en tudesque.

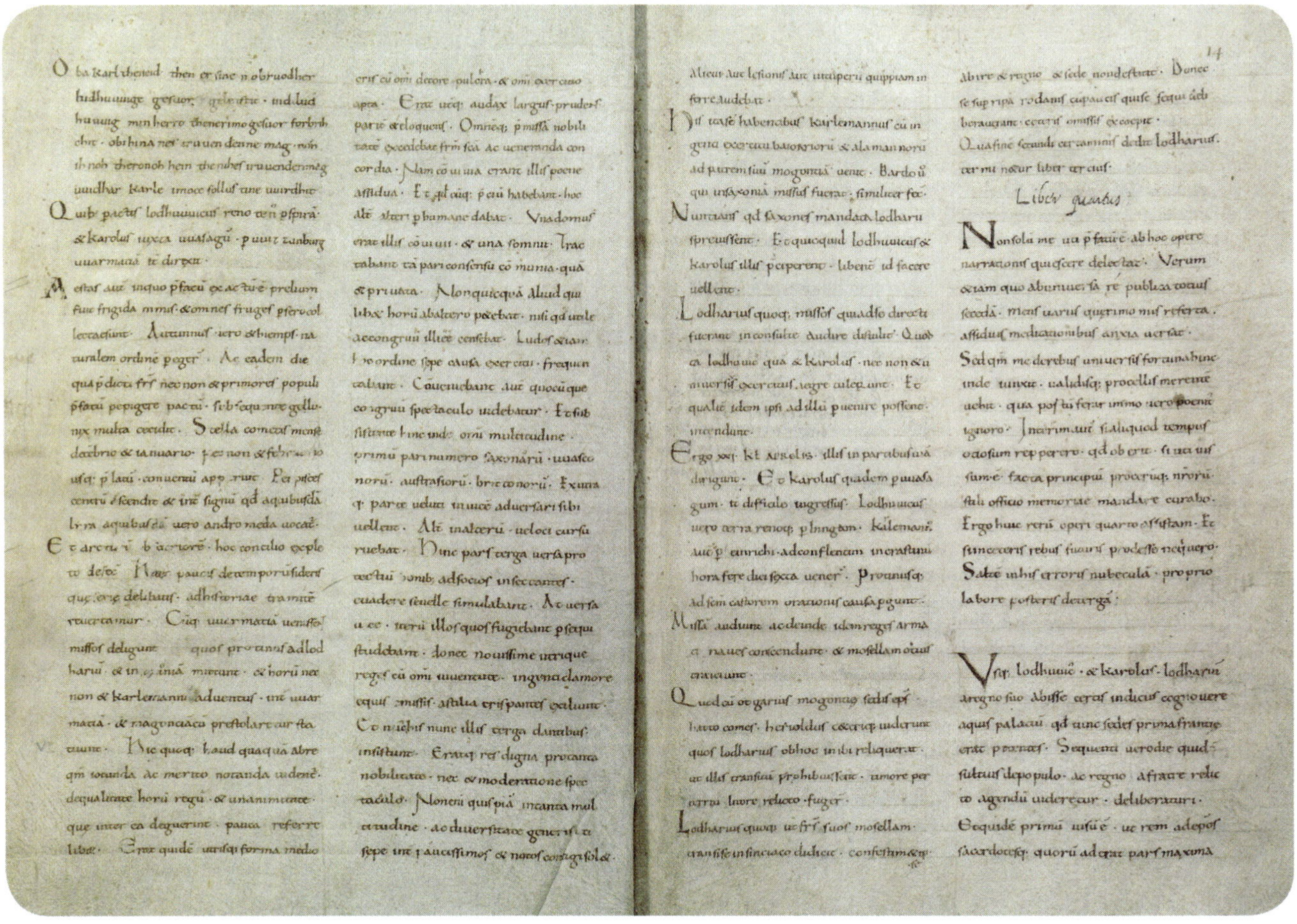

Les Serments de Strasbourg.
Nithard, *Histoire des fils de Louis le Pieux*, Saint-Riquier ou Soissons (?), fin du IXe siècle, BNF, Manuscrits, Latin 9768 fol. 13.

L'Empire carolingien.

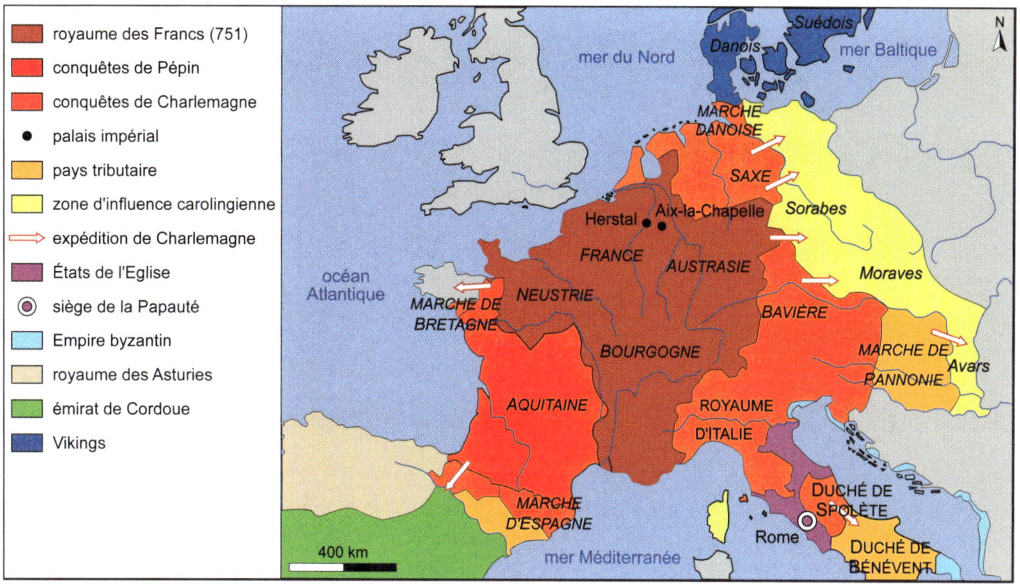

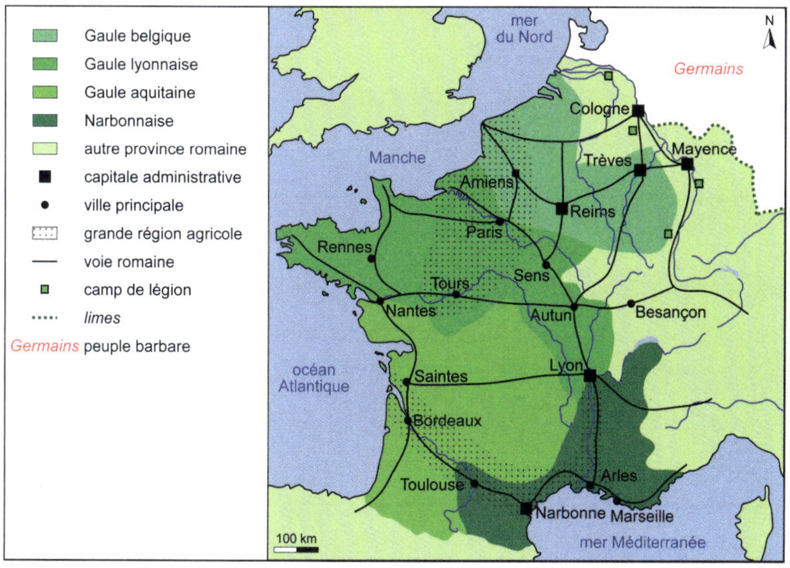

La Gaule romaine.

Anniversaire

La France fête cette année le millénaire de la fondation de l'abbaye bénédictine de Cluny (le 11 septembre 909 ou 910) par Guillaume Ier, duc d'Aquitaine et comte d'Auvergne.tempus.

L'abbaye de Cluny a été vendue en 1798 et ses pierres utilisées pour construire des maisons. La partie restante est occupée depuis 1901 par :

a) le service départemental des archives.
b) un centre de l'ENSAM (arts et métiers).
c) une école d'architecture.
d) une annexe de l'évêché.

Réponse b).

Le sentiment collectif français

Les populations des différentes régions qui forment aujourd'hui la France voulaient-elles devenir françaises ou y ont-elles été forcées ? La question n'a guère de sens : jusqu'à la Révolution la politique était l'affaire des élites, et l'univers des gens ordinaires se bornait au petit « pays » où se déroulait l'essentiel de leur existence. L'idée qu'il existait dès le Moyen Âge un sentiment collectif breton, méridional, corse, basque, etc., est un mythe régionaliste récent ; tout aussi récent est le mythe « jacobin » selon lequel les futures populations françaises, par-delà leur diversité, auraient eu de tout temps vocation à se rassembler dans une même nation.

La France, qui ne correspond à aucune unité géographique, économique ni culturelle, n'est pas née d'une volonté commune de ses populations mais du hasard des guerres et des stratégies matrimoniales de ses rois, même si, dans une partie de la population, le patriotisme remonte au moins au XVe siècle, comme le montre l'exemple de Jeanne d'Arc.

Préhistoire et Antiquité

Question 1

Situez dans le temps ces périodes de la Préhistoire.

a) Paléolithique supérieur ....
b) Mésolithique ....
c) Néolithique ....

Question 2

À quelle période correspond chacun de ces profils culturels ?

Acheuléen •		
Magdalénien •		• Paléolithique moyen
Moustérien •		
Périgordien •		• Paléolithique supérieur
Solutréen •		

Question 3

À quel « âge » se rapporte chacune de ces caractéristiques ?

arrivée des Celtes •	
défunt enterré avec son char •	• âge du bronze
épées « à langue de carpe » •	
haches à douille •	• âge du fer
incinération des défunts •	

Question 4

Retrouvez le nom de ces instruments du Paléolithique supérieur.

a) harpon
b) propulseur
c) aiguille à chas
d) grattoir

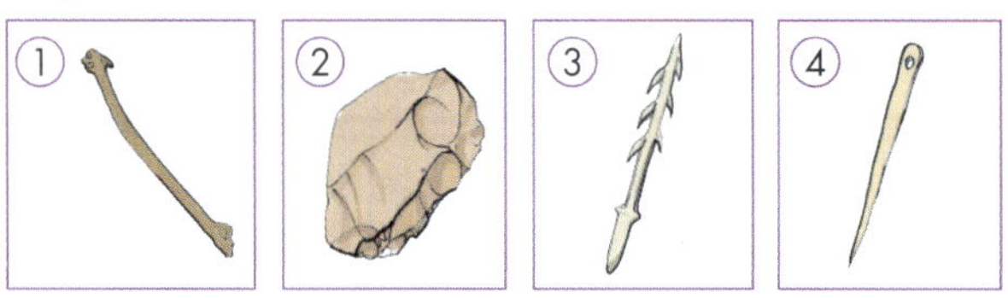

Question 5

Quels sont les noms des enfants qui ont découvert la grotte de Lascaux en 1940 ?

a) Hubert Froissard
b) Marcel Ravidat
c) Georges Agnel
d) Georges Barat
e) Jacques Marsal
f) Simon Coencas

L'art pariétal

Le sud de la France abrite la plupart des fleurons de l'art pariétal paléolithique. Cette densité exceptionnelle pour des vestiges aussi anciens s'explique en partie par la relative sécheresse du climat et l'abondance de grottes dont certaines sont restées inexplorées jusqu'à tout récemment, comme les grottes Chauvet et Cosquet. Nous ne savons pas grand-chose des auteurs de ces œuvres, sans lien culturel avec les Français d'aujourd'hui qui sont pour l'essentiel de culture indo-européenne, arrivée en Europe occidentale au néolithique.

Question 6

Quels animaux peut-on observer sur les parois de la grotte de Lascaux ?

a) l'oiseau
b) le taureau
c) l'éléphant
d) le bison
e) l'homme
f) le cheval

Question 7

Quels noms correspondent aux périodes de glaciation en Europe ?

a) Günz
b) Mindel
c) Isar
d) Spree
e) Worth
f) Würm

Question 8

Quels sont les ensembles mégalithiques de Carnac ?

a) Ménec
b) Kerlescan
c) Kerivoret
d) Kermario
e) Crozon
f) Kériaval

Question 9

Quand ces étapes de la conquête de la Gaule par les Romains ont-elles eu lieu ?

a) intervention de Rome à l'appel de Marseille
....

b) Rome bat les Allobroges et les Arvernes du roi Bituit
....

c) fondation de Narbonne
....

Question 10

Parmi ces aliments, que produisent les Gaulois ?

a) du vin
b) des céréales
c) des pâtes
d) de l'huile
e) des tomates
f) des olives

Citation

« Horum omnium fortissimi sunt Belgae » : « De tous [les peuples de la Gaule], les Belges sont les plus braves. » (César)

Question 11

De quelle ville s'agit-il aujourd'hui ?

Lutecia •	• Paris
Lugdunum •	• Lyon
Massalia •	• Marseille
Burdigala •	• Bordeaux
Divodurum •	• Metz
Cénabum •	• Orléans
Caesarodunum •	• Tours
Condate •	• Rennes

Question 12

À quelle province appartiennent ces villes gallo-romaines ? Commencez peut-être par retrouver le nom actuel de ces villes !

Antipolis •	
Arausio •	
Arelatae •	
Augusta Treverorum •	
Bibracte •	• Narbonnaise
Burdigala •	• Belgique
Durocortorum •	• Aquitaine
Massalia •	• Lyonnaise
Segodunum •	
Vesontio •	
Vesunna •	

Question 13

Qui est l'ennemi juré de chacun de ces Romains ? Reliez comme il convient.

Jules César •	• Attila
Fabius •	• Sacrovir
Aetius •	• Vercingétorix
Silius •	• Bituit

Question 14

Identifiez chacun de ces monuments de l'époque gallo-romaine.

a) pont du Gard
b) temple d'Auguste à Vienne
c) arènes d'Arles
d) arc de triomphe d'Orange

Question 15

Quels peuples envahissent la Gaule au Ve siècle ?

a) les Wisigoths
b) les Francs
c) les Romains
d) les Ostrogoths
e) les Burgondes
f) les Arabes

Question 16

Quel est le domaine de compétences de chacune de ces divinités gauloises ?

Divona •	• déesse des sources sacrées
Épona •	• déesse des cavaliers
Grannos •	• dieu solaire
Nerios •	• dieu des sources jaillissantes

Qui suis-je ?

J'ai prononcé le célèbre « Vae victis ».

Réponse : Brennus. En 390 avant J.-C., des Gaulois osent attaquer Rome. Après avoir d'abord été repoussés, ils font plier les Romains et acceptent de lever le camp en échange d'une rançon. Cependant, les Gaulois ayant trafiqué la balance servant à peser l'or, les Romains protestent. Perdant patience, Brennus, le chef gaulois, jette son épée dans la balance en s'écriant « Vae victis ! » (« Malheur aux vaincus ! »).

Solutions p. 72

La France **médiévale**

Question 1

À quelle dynastie ces rois appartiennent-ils ?

- Charlemagne •
- Charles Martel •
- Clovis Ier •
- Dagobert Ier •
- Hugues Capet •
- Pépin le Bref •
- Philippe Auguste •
- Saint Louis •

- • Carolingiens
- • Capétiens
- • Mérovingiens

Citation

« Ceux du royaume par nature
Treu [tribut] aux Romains n'ont pas payé
[c'est] pourquoi ils sont francs
Ce qui veut dire sans redevance »
(Guillaume Guiart, *La Branche des royaux lignages*, 1306-1307) [1]

Question 2

En quelle année ces rois ont-ils accédé au pouvoir ?

Clovis ....

Charlemagne ....

Hugues Capet ....

Philippe Auguste..

Philippe le Bel..

Louis IX..

Question 3

Retrouvez le surnom de chacun de ces souverains.

- Philippe III •
- Philippe IV •
- Louis X •
- Charles V •
- Charles II •
- Louis V •
- Louis VI •
- Louis VII •

- • le Hutin
- • le Chauve
- • le Fainéant
- • le Hardi
- • le Jeune
- • le Sage
- • le Gros
- • le Bel

Question 4

Réunissez ces couples royaux.

- Clovis •
- Pépin le Bref •
- Louis VII •
- Charles IV •

- • Aliénor d'Aquitaine
- • Clothilde
- • Isabeau de Bavière
- • Berthe au grand pied

1. Les Francs, fondateurs de la France, étaient les « hommes libres » par excellence, par opposition aux populations soumises aux Romains.

Question 5

Quels royaumes ont été créés par le traité de Verdun, en 843 ?

a) Francia orientalis
b) Francia media
c) Francia germania
d) Francia provencialis
e) Francia occidentalis
f) Francia lotharingia

Question 6

Sur quelle denrée porte chacun de ces impôts perçus au Moyen Âge ?

a) l'abeillage..

b) l'éminage..

c) l'afforage..

d) la gabelle ....

Question 7

Attribuez la bonne date à chacun de ces événements de la guerre de Cent Ans :
1337 – 1346 – 1347 – 1356 – 1360 – 1370 – 1407 – 1415 – 1429.

Création du franc d'or..

Début de la guerre civile entre Armagnacs et Bourguignons ....

Début de la guerre de Cent Ans..

Défaite de la France lors de la bataille d'Azincourt ....

Défaite française lors de la bataille de Crécy ....

Duguesclin devient chef de l'armée royale française ....

Jean le Bon, roi de France, est fait prisonnier ....

Jeanne d'Arc libère Orléans..

Les bourgeois de Calais livrent la ville à Édouard III ....

Question 8

Quels peuples se sont affrontés durant chacune de ces batailles ?

- Poitiers •
- Azincourt •
- Bouvines •
- Fornoue •

- • les Français et les Flamands
- • les Français et les Italiens
- • les Francs et les Arabes
- • les Français et les Anglais

Qui suis-je ?

Ma liberté me différencie des serfs.

Réponse : le vilain. Le mot vilain vient du bas latin villanus, signifiant « habitant du village, de la campagne ». Les vilains sont des paysans libres.

Question 9

Quelle croisade ces papes ont-ils initiée ?

Urbain II •	• première croisade
Eugène III •	• quatrième croisade
Innocent III •	• deuxième croisade

Question 10

Quelles pièces font partie de l'armure des chevaliers ?

a) haubert
b) barde
c) cnémides
d) heaume
e) spallières
f) solerets

Question 11

Quelles inventions datent du Moyen Âge ?

a) les vaccins
b) la charrue à soc de fer
c) la roue
d) la herse
e) le papier timbré
f) le licou

Question 12

Quels sont les instruments de musique en usage au Moyen Âge ?

a) le luth
b) la gigue
c) le psaltérion
d) la chevrette
e) la chalémie
f) le tambour

L'art gothique

On considère parfois l'art gothique comme le seul art purement français, même s'il a fait école dans toute l'Europe. Cet art qui se dégage de l'art roman au XIIe siècle, au cœur du Bassin parisien, était du reste appelé *francigenum opus*, « art de France », jusqu'à la Renaissance, lorsque s'imposa, d'abord en Italie, l'appellation méprisante d'art « gothique », c'est-à-dire barbare. La plus ancienne cathédrale gothique est celle de Sens ; l'une des dernières manifestations du gothique est l'église de Brou, à Bourg-en-Bresse.

Question 13

Quel est le nom de ces éléments du château fort ?

a) une meurtrière
b) les douves
c) les créneaux
d) le pont-levis

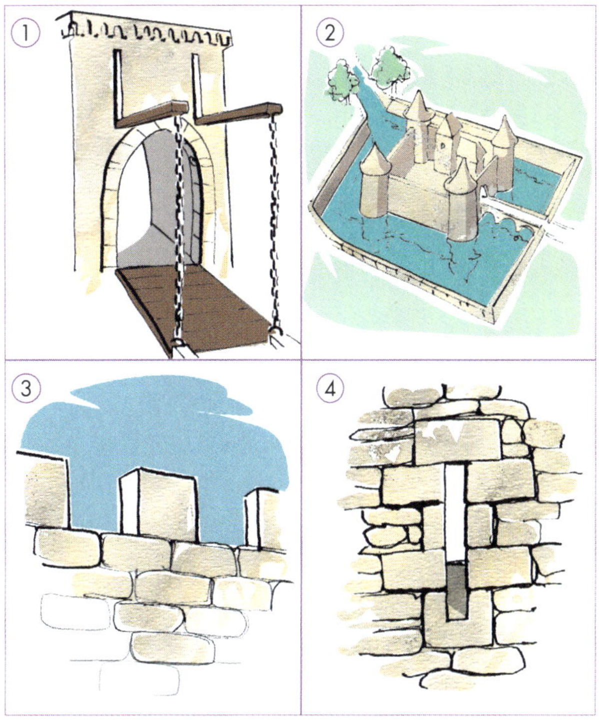

Question 14

Les cathédrales de ces villes sont-elles romanes ou gothiques ? Cochez la case qui convient.

	Romanes	Gothiques
Amiens		
Chartres		
Périgueux		
Reims		
Saint-Lizier		
Soissons		
Verdun		

Question 15

Quel est le nom de ces monuments ?

a) Notre-Dame de Paris
b) Notre-Dame de Chartres
c) la Sainte-Chapelle à Paris
d) le palais des Papes à Avignon

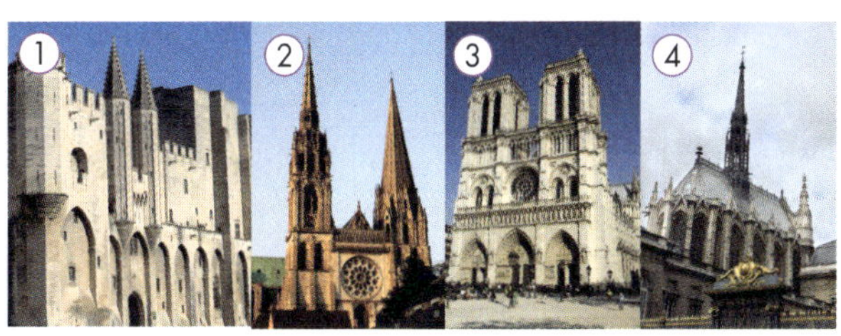

Solutions p. 73

Rois et révolutions

Question 1

Identifiez ces résidences royales.

a) Saint-Germain-en-Laye
b) palais du Louvre
c) château de Fontainebleau

Question 2

Qui a été la mère de chacun de ces rois ?

François Ier •	• Jeanne III d'Albret
Henri II •	• Anne d'Autriche
Henri III •	• Marie-Josèphe de Saxe
Henri IV •	• Claude de France
Louis XIII •	• Marie-Adélaïde de Savoie
Louis XIV •	• Louise de Savoie
Louis XV •	• Marie de Médicis
Louis XVI •	• Catherine de Médicis

Question 3

Quelles places fortes ont été accordées aux protestants par le traité de Saint-Germain ?

a) La Rochelle
b) Lyon
c) Cognac
d) Montauban
e) Paris
f) La Charité

Question 4

Qui a été guillotiné ?

a) Louis XVI
b) Danton
c) Robespierre
d) Mirabeau
e) Marat
f) Desmoulins

Citation

**« France, mère des arts, des armes et des lois,
Tu m'as nourri longtemps du lait de ta mamelle ;
Ores, comme un agneau qui sa nourrice appelle,
Je remplis de ton nom les antres et les bois »
(Joachim du Bellay, *Les Regrets*)**

Une France déchirée

Les guerres de Religion (1562-1598) sont la plus longue série de guerres civiles que la France ait connues, et l'un des premiers conflits dont les causes furent idéologiques. Elles déchirèrent l'ensemble de la population et non pas seulement les élites. Comme de nombreux pays d'Europe, la France faillit basculer dans le camp de la Réforme : au début des années 1560, on estime que le quart de la population était protestante. Le conflit s'acheva par un compromis, l'édit de Nantes, révoqué par Louis XIV en 1685 : la force l'a finalement emporté.

Question 5

De quels rois ces femmes ont-elles été les favorites ?

Anne de Pisseleu •	
Charlotte des Essarts •	
Comtesse de Thoury •	
Françoise de Foix •	• Henri IV
Gabrielle d'Estrées •	• Louis XIV
Henriette d'Entragues •	• François Ier
Louise de La Vallière •	
Madame de Montespan •	
Marie Angélique de Fontanges •	

Question 6

Quand ces événements de la Révolution française se sont-ils déroulés ?

Déclaration des Droits de l'Homme et du Citoyen •	• 28 juillet 1794
Le peuple envahit les Tuileries et coiffe le roi du bonnet rouge •	• 20 juin 1789
Mort de Robespierre •	• 2 novembre 1792
Le roi convoque les États généraux •	• 26 août 1789
Serment du Jeu de Paume •	• 5 mai 1789
Les biens de l'Église sont confisqués •	• 20 juin 1792

Question 7

Qui a dit... ?

a) « L'État, c'est moi. »
b) « Paris vaut bien une messe. »
c) « Une cour sans femmes, c'est comme un jardin sans fleurs. »
d) « De l'audace, encore de l'audace, toujours de l'audace. »
e) « Qu'au moins, il me laisse mourir tranquille. »
f) « Qu'il est grand, plus grand encore mort que vivant ! »
g) « Après nous le déluge ! »
h) « Tuez-les, mais tuez-les tous pour qu'il n'en reste pas un pour me le reprocher. »

Solutions p. 74

Le XIXe siècle

Question 1

Durant quelle période ces personnages ont-ils joué un rôle militaire ou politique ?

- Armand de Richelieu •
- Casimir Perier •
- comte de Chambord •
- comte Walewski •
- duc de Berry •
- Élie Decazes •
- général Espinasse •
- J.-B. Bernadotte •
- Jacques Laffitte •
- Jean Lannes •
- maréchal Bazaine •
- P.C. Silvestre de Villeneuve •

- • Premier Empire
- • Restauration
- • monarchie de Juillet
- • Second Empire

Question 2

Retrouvez les maréchaux de Napoléon Bonaparte.

a) Foch
b) Juin
c) Lyautey
d) Murat
e) Soult
f) Davout

Question 3

De quels monuments ou palais parisiens s'agit-il ?

a) l'Arc de triomphe (1836)
b) la colonne Vendôme (1810)
c) l'opéra Garnier (1861 à 1875)
d) la tour Eiffel (1889)
e) le palais de l'Élysée
f) le palais du Trocadéro
g) le Grand Palais

Question 4

Quelle est la date de l'avènement au pouvoir de chacun de ces rois ?

a) Louis XVIII ....
b) Charles X ....
c) Louis-Philippe Ier ....

Qui sommes-nous ?

Nous sommes les membres d'une société secrète italienne qui vise l'établissement d'un gouvernement démocratique et qui se répand en France vers 1818.

Réponse : les Carbonari. Ils organisent en 1820 les premiers soulèvements contre les souverains de Naples et de Turin.

Question 5

Qui a dit… ?

a) « Le peuple est le même partout. Quand on dore ses fers, il ne hait pas la servitude. »

....

b) « Pour gouverner les Français, il faut des paroles violentes et des actes modérés. »

....

c) « Le roi n'administre pas, ne gouverne pas, il règne. »

....

d) « En politique il faut guérir les maux, jamais les venger. »

....

Question 6

Associez ces auteurs d'attentats à leurs cibles.

- Cadoudal •
- Orsini •
- Fieschi •
- Sante Caserio •

- • Napoléon III
- • Sadi Carnot
- • Napoléon Ier
- • Louis-Philippe Ier

Question 7

À quelle date ces présidents de la République ont-ils été élus ?

a) Adolphe Thiers ....
b) Sadi Carnot ....
c) Félix Faure ....

Question 8

Quelle est la date de création de chacune de ces grandes banques ?

- Crédit mobilier •
- Crédit lyonnais •
- Société générale •

- • 1863
- • 1864
- • 1852

Question 9

Qui est partisan d'Alfred Dreyfus ?

a) Émile Zola
b) Auguste Mercier
c) Marie-Georges Picquart
d) Bernard Lazare
e) Ferdinand Esterhazy
f) Hubert-Joseph Henry

Question 10

Quelle est la date d'invention…

- … de ces objets ?

a) le cinéma ……………………………………
b) le phonographe ……………………………………
c) le téléphone ……………………………………

- … de ces modèles d'automobile ?

d) l'Obéissante ……………………………………
e) la Dion-Boulon ……………………………………
f) la Jamais Contente ……………………………………

Citation

« La Révolution de France s'appellera l'évolution des peuples. Pourquoi ? Parce que la France le mérite ; parce qu'elle manque d'égoïsme, parce qu'elle ne travaille pas pour elle seule, parce qu'elle représente toute la bonne volonté humaine, parce que là où les autres nations sont seulement sœurs elle est mère. Cette maternité de la généreuse France éclate dans tous les phénomènes sociaux de ce temps ; les autres peuples lui font ses malheurs, elle leur fait leurs idées » (Victor Hugo, 1867)

Question 11

À quelles insurrections associe-t-on chacun de ces personnages ?

Adolphe Thiers •
Alphonse de Lamartine •
Charles X •
François Guizot •
Louis Charles Delescluze •
Louis Eugène Cavaignac •
Louis-Auguste Blanqui •
Louise Michel •
Louis-Philippe Ier •

- les Trois Glorieuses (1830)
- le Printemps des peuples (1848)
- la Commune (1871)

Question 12

À quelle date ces insurrections populaires ont-elles eu lieu ?

a) la révolte des canuts de Lyon ……………………
b) le Printemps des peuples ……………………
c) la Commune ……………………

Question 13

Ces écrivains ou poètes ont-ils défendu ou critiqué les partisans de la Commune ?

	Défenseurs	Accusateurs
Flaubert		
Hugo		
Rimbaud		
Sand		
Verlaine		
Zola		

Qui suis-je ?

Je suis le premier syndicat de salariés français, créé en 1895.

Réponse : la CGT.

Question 14

Où repose chacun de ces personnages ?

Thiers •
Hugo •
Baudelaire •
Napoléon •

- Père-Lachaise
- Panthéon
- cimetière Montparnasse
- Invalides

Question 15

Socialistes ou républicains ? Donnez la tendance politique de ces hommes à la fin du XIXe siècle.

Georges Clemenceau •
Jean Jaurès •
Jules Ferry •
Jules Guesde •
Jules Vallès •
Léon Gambetta •

- républicains
- socialistes

La patrie des droits de l'homme ?

Au XIXe siècle, la France se considérait comme la patrie des droits de l'homme, et, même si les Espagnols et les Allemands occupés par les armées napoléoniennes furent parfois d'un autre avis, cette idéologie était partagée par de nombreux Européens. Paris accueillait des exilés politiques, comme le Polonais Chopin ; en 1870, l'Italien Garibaldi alla jusqu'à s'engager dans l'armée française en guerre contre la Prusse, car, pour lui, tout Européen progressiste était un peu français.

Solutions p. 74

Le XXe siècle

Question 1

À quelle date ces événements de la Première Guerre mondiale ont-ils eu lieu ? Donnez le jour, le mois et l'année.

a) déclaration de guerre de l'Allemagne à la France

....

b) entrée en guerre des États-Unis

....

c) armistice

....

Question 2

Quelles batailles illustrent la guerre de position pendant la Première Guerre mondiale ?

a) la première bataille de la Marne (1914)
b) la course à la mer (1914)
c) la bataille de Verdun (1916)
d) le chemin des Dames (1917)
e) la deuxième bataille de la Marne (1918)
f) la guerre sous-marine (1915-1917)

Qui suis-je ?

Alors ministre de l'Intérieur, j'ai créé l'ancêtre de la police judiciaire française en 1907. Difficile d'échapper à mes griffes !

Réponse : Georges Clemenceau. Il crée les « brigades du tigre » en 1907. Son surnom de « tigre » vient de sa fermeté et de sa vigueur vis-à-vis de ses opposants.

Question 3

Sous quelle République ces chefs de gouvernement ont-ils exercé leur fonction ?

Barthou •	
Chaban-Delmas •	
Couve de Murville •	
Debré •	• IIIe République
Laniel •	• Ve République
Meyer •	• IVe République
Monis •	
Queuille •	
Rouvier •	

Question 4

De quel événement chacun de ces personnages a-t-il été un acteur essentiel ?

Aristide Briand •	• participation au congrès de Tours
Georges Clemenceau •	• manifestation du 6 février 1934
Léon Blum •	• exposition coloniale de 1931
Raymond Poincaré •	• accords de Munich
Jean Chiappe •	• remplacement du franc Germinal
Léo Lagrange •	• séparation de l'Église et de l'État
Maréchal Lyautey •	• signature du traité de Versailles
Édouard Daladier •	• Front populaire

Question 5

En quelle année ces exploits de l'histoire de l'aviation ont-ils eu lieu ?

a) Vuillemin et Dagnaud gagnent le lac Tchad puis Dakar..
b) Bernard pose son hydravion à Madagascar ....
c) première traversée Paris-New York sans escale ....

Question 6

À quelle date ces événements de la Seconde Guerre mondiale ont-ils eu lieu ? Donnez le jour, le mois et l'année.

a) « appel » du général de Gaulle ....
b) débarquement allié en Normandie.......................
c) libération de Paris ....

Question 7

Dans quelle zone se trouvent ces villes avant novembre 1942 ?

Brest •	
Lille •	
Montpellier •	• zone occupée
Paris •	• zone libre
Toulouse •	
Vichy •	

Le brassage de 1914

La Première Guerre mondiale représente l'apogée du nationalisme français ; guerre de masse, ce fut une expérience partagée par l'ensemble de la population, par-delà les divergences idéologiques (elle marqua un début de réintégration des catholiques dans la communauté nationale après les crises anticléricales du XIXe siècle) et culturelles (on estime qu'elle a joué un rôle dans l'accélération du déclin des langues régionales). Seules deux communes n'ont envoyé aucun de leurs habitants à la bataille de Verdun.

Question 8

Chacun de ces écrivains est l'auteur d'un poème ou recueil sur la Résistance. Lequel ?

Aragon •	• *Feuillets d'hypnos*
Éluard •	• « Le veilleur du Pont-au-Change »
Desnos •	• « La rose et le réséda »
Char •	• « Liberté »

Question 9

Ces personnages ont-ils choisi la résistance ou la collaboration durant la Seconde Guerre mondiale ?

Bingen •
Bousquet •
Brasillach •
Brossolette •
Laval •
Moulin •

• résistants
• collaborateurs

Citation

« Adieu Forléans Maimbault
Vollore-Ville Volmerange
Avize Avoine Vollerange
Ainval-Septoutre Mongibaud
Fains-La-Folie Aumur Andance
Guillaume-Peyrouse Escarmain
Dancevoir Parmilieu Parmain
Linthes-Pleurs Caresse Abondance... »
(Louis Aragon, *Le Conscrit des cent villages*, 1943)

Question 10

À quelle guerre ces noms ou ces événements sont-ils associés ?

accords d'Évian •
accords de Genève •
attentat du Petit-Clamart •
défaite de Diên Biên Phu •
Thierry d'Argenlieu •
Toussaint rouge •

• guerre d'Algérie
• guerre d'Indochine

Question 11

Parmi ces personnages, lesquels sont inhumés au Panthéon, à Paris ?

a) Marie Curie
b) Charles de Gaulle
c) André Malraux
d) Marcel Proust
e) Jean Moulin
f) François Mitterrand

Question 12

Remplissez cette grille de mots croisés portant sur Mai 68.

1. Située dans le quartier latin à Paris, elle est occupée le 3 mai 1968.
2. Destinées à freiner les forces de sécurité, elles « fleurissent » à plusieurs reprises dans l'histoire de France.
3. La crise de mai 1968 se dénoue en partie grâce à ces accords.
4. Il est le vice-président de l'UNEF en 1968.
5. Il siège à Matignon en mai 1968.
6. Ce quartier de Paris est le lieu de violents affrontements en mai 1968.
7. Le « mouvement du 22 mars » s'organise à cet endroit.

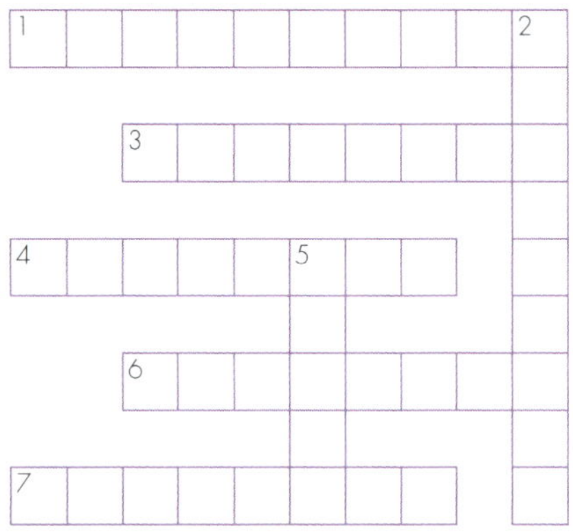

Question 13

De quel bâtiment s'agit-il ?

a) centre Georges Pompidou
b) grande arche de La Défense
c) colonnes de Buren
d) bibliothèque François-Mitterrand

Question 14

En quelle année ces inventions ont-elles vu le jour ?

le scooter •	• 1915
le tube au néon •	• 1934
les quatre roues motrices •	• 1902
le sonar •	• 1909
la première voiture à traction avant •	• 1953
le stylo Bic •	• 1926

Solutions p. 75

Un peu de **géographie**

Un peu de **géographie**

Sous la IIIe République, à l'école, on enseignait essentiellement la géographie administrative (la litanie des chefs-lieux de départements et d'arrondissements) et la variété des terroirs et régions, ancrée dans la géologie, l'orographie et la climatologie ; le tout dans une perspective de mise en évidence de la diversité, mais aussi de la profonde unité de la patrie. Le célèbre livre de lecture courante *Le Tour de la France par deux enfants* (1877) est avant tout un manuel de géographie. Aujourd'hui, on privilégie nettement la notion de réseau, on met l'accent sur ce qui relie les Français entre eux, à l'Europe et au monde.

LE

TOUR DE LA FRANCE

PAR DEUX ENFANTS

I. — **Le départ d'André et de Julien.**

Rien ne soutient mieux notre courage que la pensée d'un devoir à remplir.

Par un épais brouillard du mois de septembre deux enfants, deux frères, sortaient de la ville de Phalsbourg en Lorraine. Ils venaient de franchir la grande porte fortifiée qu'on appelle *porte de France*.

Chacun d'eux était chargé d'un petit paquet de voyageur, soigneusement attaché et retenu sur l'épaule par un bâton. Tous les deux marchaient rapidement, sans bruit ; ils avaient l'air inquiet. Malgré l'obscurité déjà grande, ils cherchèrent plus d'obscurité encore et s'en allèrent cheminant à l'écart le long des fossés.

PORTE FORTIFIÉE. — Les portes des villes fortifiées sont munies de *ponts-levis* jetés sur les fossés qui entourent les remparts ; quand on lève les ponts et qu'on ferme les portes, nul ennemi ne peut entrer dans la ville. — Phalsbourg a été fortifiée par Vauban et démantelée par les Allemands. Traversée par la route de Paris à Strasbourg, elle n'a que deux portes : la *porte de France* à l'ouest et la *porte d'Allemagne* au sud-est, qui sont des modèles d'architecture militaire.

Première page du *Tour de la France par deux enfants* de G. Bruno (1833-1923).

Des frontières qui ont évolué

La France est issue de mille ans d'histoire complexe. Ses frontières, longtemps imprécises, ont beaucoup varié, et n'ont pas toujours été aussi ramassées qu'aujourd'hui : Avignon, et la plus grande partie de la Lorraine, ont été des enclaves étrangères. La Savoie et le comté de Nice sont devenus français en 1860, après Alger (1830). Les dernières annexions en métropole, Tende et La Brigue (dans les Alpes-Maritimes), datent de 1947. En revanche, en 1815 la France a perdu Landau, en aval de l'Alsace, qu'elle possédait depuis des siècles ; jusqu'au XVe siècle, la Flandre était française.

La France a longtemps rêvé d'annexer la Belgique et toute la rive gauche du Rhin, « frontière naturelle » au moins sur les cartes : cela explique en partie les deux tentatives de satelliser la Sarre, en 1919-1935 et en 1945-1956. Elles provoquèrent non seulement des conflits avec l'Allemagne, mais aussi des tensions avec le Royaume-Uni, soucieux de la liberté des bouches du Rhin, débouché naturel de son commerce en Europe.

Le pont Pierre Pflimlin est l'un des huit ponts sur le Rhin reliant la France et l'Allemagne. Situé au sud de Strasbourg, il a été inauguré en 2002.

Les Pyrénées séparent la péninsule ibérique du reste de l'Europe continentale. Elles s'étendent entre autres, sur trois régions françaises et sept provinces espagnoles.

Au milieu du lac Léman passe la frontière franco-suisse ; la rive nord et les deux extrémités sont suisses, tandis que la rive sud est en France.

Menton est une commune des Alpes-Maritimes située à la frontière franco-italienne. La ville de Vintimille la jouxte côté italien.

Info

Depuis 1964, la France compte 100 départements : elle en comptera bientôt 101 avec Mayotte, qui s'est prononcée pour la départementalisation par référendum en mars 2009.

Mayotte.

Les principales villes de France.

Citation

« Ondoyant et divers, tel est le paysage de France, mêlant le clair et l'obscur, l'ordre et l'anarchie, l'intime et l'écrasant. » (Jean-Robert Pitte, *Histoire du paysage français*, 1983)

Quatre grandes villes françaises au cœur de leur région

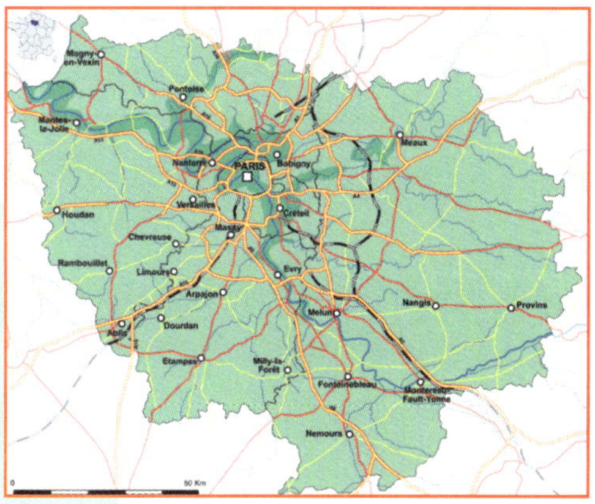

Paris et la région Île-de-France.

Marseille et la région Provence-Alpes-Côte d'Azur.

Lyon et la région Rhône-Alpes.

Toulouse et la région Midi-Pyrénées.

Le réseau urbain français

Le réseau urbain français a longtemps été l'un des plus déséquilibrés du monde : Paris (9,5 à 11 millions d'habitants) concentre 20 % de la population et est de 7 à 8 fois plus peuplée que Marseille (1 350 000), deuxième agglomération du pays. Cette situation contraste avec celles de l'Allemagne, de l'Italie, de l'Espagne ou des États-Unis. Mais l'explosion des capitales du tiers-monde et l'accession à l'indépendance de petits pays centrés sur une grande ville, comme la Lettonie dont 40 % de la population vit à Riga, relativise cette particularité.

Le puzzle français

Question 1

Reliez chaque région à sa superficie.

Nord •	• 25 606 km^2
Picardie •	• 39 151 km^2
Champagne-Ardenne •	• 26 013 km^2
Limousin •	• 12 414 km^2
Auvergne •	• 16 942 km^2
Centre •	• 19 399 km^2

Question 2

Trouvez la région à laquelle appartient chaque département.

	Centre	Limousin	Auvergne
Allier			
Cantal			
Cher			
Corrèze			
Creuse			
Eure-et-Loir			
Haute-Loire			
Haute-Vienne			
Indre			
Indre-et-Loir			
Loiret			
Loir-et-Cher			
Puy-de-Dôme			

Question 3

Associez chaque département à son code minéralogique.

Haute-Vienne •	• 973
Allier •	• 971
Côte-d'Or •	• 03
Puy-de-Dôme •	• 974
Guadeloupe •	• 63
Martinique •	• 21
Guyane •	• 972
Réunion •	• 87

Question 4

Combien de départements composent...

a) la Picardie..

b) la Lorraine..

c) la Franche-Comté..

d) la région Rhône-Alpes..

e) le Languedoc-Roussillon..

f) l'Aquitaine..

g) le Poitou-Charentes..

h) la Bourgogne..

Question 5

Reliez chaque département à sa superficie.

Haut-Rhin •	• 1 100 km^2
Meurthe-et-Moselle •	• 2 511 km^2
Moselle •	• 91 000 km^2
Martinique •	• 5 241 km^2
Réunion •	• 6 216 km^2
Guyane •	• 3 525 km^2

Question 6

Retrouvez la préfecture de chaque département.

a) préfecture des Yvelines ....

b) préfecture de l'Essonne ....

c) préfecture de la Seine-et-Marne ....

d) préfecture des Hauts-de-Seine ....

e) préfecture de la Seine-Saint-Denis ....

f) préfecture du Val-de-Marne ....

g) préfecture d'Île-de-France ....

h) préfecture du Cher ....

i) préfecture de l'Yonne ....

j) préfecture du Cantal..

k) préfecture de la Corrèze ....

l) préfecture de l'Allier ....

m) préfecture de la Nièvre ....

n) préfecture de la Saône-et-Loire..................................

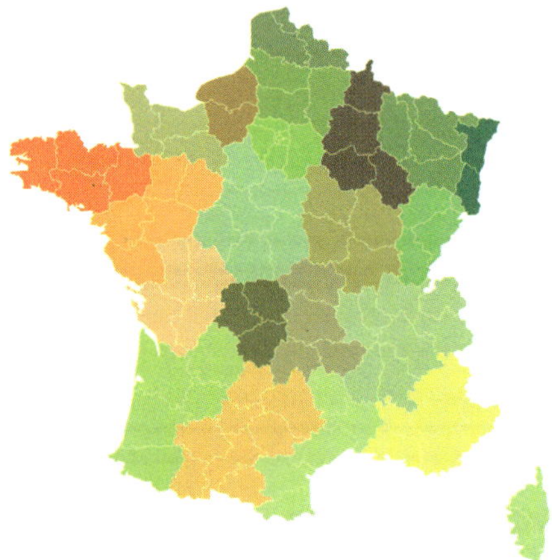

Petits et grands départements

Certains départements de métropole sont de taille anormalement réduite : punie pour s'être opposée à la Révolution, Lyon est le chef-lieu d'un tout petit département qui, à l'est, en dépit d'extensions au détriment de l'Isère, ne couvre même pas toute sa banlieue ; le territoire de Belfort, élevé au statut de département en 1922, est composé de l'extrême sud du Haut-Rhin, que l'Allemagne n'a pas annexé en 1871. En revanche, la commune d'Arles est de loin la plus étendue de métropole : elle couvre les deux tiers de la Camargue.

Question 7

Lequel de ces départements n'est pas en Lorraine ?

a) Meuse
b) Vosges
c) Moselle
d) Meurthe-et-Moselle
e) Jura

Question 8

Avec quel(s) pays ces régions françaises sont-elles frontalières ?

a) la Franche-Comté ....
b) la région PACA ....
c) le Languedoc-Roussillon ....
d) la région Midi-Pyrénées ....
e) la Guyane ....
f) l'Aquitaine ....

Question 9

Parmi ces communes, une seule ne se situe pas en Franche-Comté. Laquelle ?

a) Dijon
b) Besançon
c) Belfort
d) Vesoul
e) Montbéliard

Citation

« L'espace français n'est qu'un morceau de la géographie de l'Europe. Celle-ci l'enserre, s'y installe, s'y continue, si bien que, sur cette extrémité où le continent se trouve fortement rétréci, aboutissent et se rapprochent en un contraste accentué les oppositions qui, à travers la vaste Europe du Centre et de l'Est, prennent du champ et se perdent, la distance aidant, entre d'un côté les mers du Nord et de l'autre, au sud, les rives de la Méditerranée et de la mer Noire » (Fernand Braudel, *L'Identité de la France*, 1986)

Qui suis-je ?

Oléron, Aix et Madame dépendent de moi.

Réponse : il s'agit de Rochefort. La ville de Rochefort est en effet l'une des sous-préfectures de Charente-Maritime. Oléron, Aix et Madame sont trois îles.

Question 10

Comment appelle-t-on les habitants de Vesoul ?

a) les Vesoulois
b) les Vésuliens
c) les Vesovois
d) les Vesoulais

Question 11

Haute-Corse ou Corse-du-Sud ? Attribuez chaque ville à son département.

a) Ajaccio ....
b) Bastia ....
c) Bonifacio ....
d) Calvi ....
e) Corte ....
f) Porto-Vecchio ....
g) Sartène ....

Question 12

Une seule de ces îles ne fait pas partie de l'archipel des îles d'Hyères. Laquelle ?

a) Porquerolles
b) île Sainte-Marguerite
c) île de Bagaud
d) île du Levant
e) Port-Cros

Porquerolles.

Question 13

Quelles régions sont voisines...

• ... du Languedoc-Roussillon ?
a) Auvergne
b) PACA
c) Aquitaine
d) Rhône-Alpes
e) Midi-Pyrénées
f) Limousin

• ... du Poitou-Charentes ?
g) Pays-de-la-Loire
h) Auvergne
i) Bretagne
j) Limousin
k) Aquitaine
l) Languedoc-Roussillon

Question 14

Parmi ces communes, une seule n'est pas limitrophe de Nantes... Laquelle ?

a) Carquefou
b) Orvault
c) Rezé
d) Sainte-Luce-sur-Loire
e) Trélazé
f) Vertou

Qui suis-je ?

Je suis le département dont le nom signifie « fin de la terre ».

Réponse : il s'agit du Finistère. Et la terre se finit par la pointe du Raz, un promontoire de granit dont le sémaphore annonce aux bateaux qui arrivent de l'océan... le début de la terre.

Question 15

Associez chaque ville avec sa jumelle.

Nantes •	• Louvain (Belgique)
Rennes •	• Wurtzbourg (Allemagne)
Angers •	• Cardiff (pays de Galles)
Caen •	• Bamako (Mali)

Question 16

Océan Indien, Pacifique ou Atlantique ? Situez ces départements et ces collectivités d'outre-mer.

a) Guadeloupe ....
b) Guyane ....
c) Réunion ....
d) Martinique ....
e) Mayotte ....
f) Nouvelle-Calédonie ....
g) Polynésie-Française ....
h) Wallis-et-Futuna ....

Question 17

Toutes ces îles font partie de l'archipel de la Guadeloupe sauf une... Laquelle ?

a) Marie-Galante
b) Les Saintes
c) La Désirade
d) Sainte-Lucie
e) Grande-Terre
f) Basse-Terre

Question 18

De combien d'archipels est composée la Polynésie-Française ?

a) 2
b) 5
c) 7

Question 19

Parmi ces îles, une seule ne fait pas partie des îles du Vent, situées dans l'archipel de la Société... Laquelle ?

a) Tahiti
b) Moorea
c) Mehetia
d) Maiao
e) Bora-Bora

Question 20

Quel est le nom du préfet de la Guadeloupe qui a pris ses fonctions en 2008 ?

Distances

Au XIXe siècle, le chemin de fer a désenclavé la France : il fallait 100 heures pour relier Lyon à Paris en 1800, 55 en 1848, 4 en 1975 en train Corail, 2 aujourd'hui en TGV. Il a aussi provoqué des bouleversements dans les modes de vie et même dans le plan des villes. Certaines villes ont fait le choix de le refuser ou ont été délaissées par les réseaux, comme Senlis qui a sans doute ainsi échappé à un destin de banlieue-dortoir, et a préservé jusqu'à nos jours un centre ancien magnifique... et une sociologie privilégiée. Un seul département, l'Ardèche, n'a pas de lignes « Voyageurs ».

Guadeloupe.

Solutions p. 77

La France au fil de l'eau

Question 1

Toutes ces villes sont traversées par la Seine, sauf une... Laquelle ?

a) Troyes
b) Melun
c) Dijon
d) Évry
e) Paris
f) Conflans-Sainte-Honorine

Question 2

Retrouvez la longueur de chaque cours d'eau.

la Somme •	• 195 km
l'Oise •	• 525 km
la Marne •	• 453 km
l'Ain •	• 245 km
le Doubs •	• 480 km
la Saône •	• 302 km

Question 3

Retrouvez le nom de ces oiseaux que l'on peut admirer dans la baie de Somme.

a) l'avocette
b) l'oie cendrée
c) la sarcelle
d) la cigogne

Question 4

Quel fleuve prend sa source près de Fonsommes dans le département de l'Aisne ?

Qui suis-je ?

Je suis une rivière du Jura et je porte le nom d'un petit mammifère qui ne traverse pas assez vite les routes.

Réponse : le hérisson. Ce cours d'eau est aussi connu pour ses cascades impressionnantes.

Question 5

Parmi ces départements, quels sont ceux qui sont traversés par la Meuse ?

a) les Vosges
b) la Moselle
c) la Haute-Marne
d) la Meuse
e) le Bas-Rhin
f) le Haut-Rhin

Question 6

Parmi ces communes vosgiennes, retrouvez celle où la Moselle prend sa source.

a) Arches
b) Bussang
c) Coinches
d) Dounoux
e) Luvigny
f) Puzieux

Question 7

Retrouvez la superficie de ces lacs célèbres.

le lac de Gérardmer •	• 5 800 ha
le lac de Pierre-Percée •	• 6 000 ha
le lac de Madine •	• 3 345 ha
le lac de Biscarosse •	• 116 ha
le lac de Cazaux-Sanguinet •	• 1 100 ha
le lac de Carcans-Hourtin-Maubuisson •	• 304 ha

Lac de Gérardmer.

Question 8

Parmi ces communes, retrouvez celle où le Doubs prend sa source.

a) Pontarlier
b) Villers-le-Lac
c) Vaufrey
d) Roulans
e) Mouthe

Question 9

Un seul de ces cours d'eau ne traverse pas la Franche-Comté. Lequel ?

a) l'Ain
b) la Bienne
c) la Durance
d) l'Ognon
e) le Doubs

Question 10

Parmi ces îles, lesquelles se trouvent dans l'estuaire de la Gironde ?

a) l'île Verte
b) l'île Patiras
c) l'île Margaux
d) l'île Cazeau
e) l'île Bouchaud
f) l'île du Nord

Question 11

Rendez à chaque pays ses îles.

île d'Aurigny •	
île de Batz •	
île de Bréhat •	• France
île de Guernesey •	
île de Jersey •	• Royaume-Uni
île de Sercq •	
îles de Chausey •	

Question 12

Associez chaque lac au département où il se situe.

le lac du Bourget •	• Bouches-du-Rhône
l'étang de Berre •	• Haute-Corse
le lac de Capitello •	• Savoie

Lac de Capitello.

Question 13

Lequel de ces cours d'eau traverse les Landes de Gascogne ?

a) l'Adour
b) la Baïse
c) l'Eyre
d) l'Arrats

Question 14

Retrouvez la superficie de ces îles.

l'île d'Ouessant •	• 90 km^2
l'île d'Yeu •	• 15 km^2
Belle-Île •	• 23 km^2

Question 15

Toutes ces villes sont traversées par la Loire, sauf une… Laquelle ?

a) Orléans
b) Tours
c) Le Mans
d) Angers
e) Nantes
f) Saint-Nazaire

Citation

« N'était-ce pas en effet en ces sauvages falaises, Roche de Glun ou Roche-Maure, que Gargantua régnait et que, dit-on, pour y boire enjambant le Rhône, avec sa main en matière d'écuelle, il avalait ensemble les barques et les hommes ! On montre encore le gravier, à Pierrelatte, que le géant tira de son soulier : un beau rocher, planté au milieu de la plaine » (Frédéric Mistral, *Le Poème du Rhône*, 1897)

Question 16

Dans quel département l'Allier prend-elle sa source ?

a) le Cantal
b) le Puy-de-Dôme
c) l'Allier
d) la Haute-Loire
e) la Lozère
f) la Corrèze

Question 17

Comment surnomme-t-on l'île d'Oléron ?

a) la Lumineuse
b) la Sauvage
c) la Sableuse
d) la Fière
e) la Plate

Fort Boyard, au large de l'île d'Oléron.

Question 18

Parmi ces cours d'eau, lesquels sont des affluents de la Garonne ?

a) le Tarn
b) l'Indre
c) la Dordogne
d) le Gers
e) l'Ariège
f) le Lot

Qui suis-je ?

Je peux être desséché ou salant,
je suis notamment poitevin.

Réponse : le marais. Le Poitou-Charentes compte plusieurs zones de marais, autrefois occupées par l'océan : le marais poitevin, les marais de Rochefort, les marais de Brouage…

Question 19

Parmi ces îles et ces archipels, lesquels se situent dans la mer d'Iroise ?

a) l'île d'Ouessant
b) l'archipel de Molène
c) l'île du Sein
d) l'île de Noirmoutier
e) l'île d'Oléron
f) Belle-Île

Question 20

Lesquels de ces fleuves ne se jettent pas dans l'estuaire de la Gironde ?

a) la Garonne
b) la Loire
c) la Seine
d) la Dordogne
e) le Rhône

Des noms hérités de la Révolution

La plupart des départements portent des noms d'accidents du relief ou de cours d'eau : ceci est dû à la volonté de la Révolution de rompre avec les anciennes traditions administratives. Certaines de ces désignations, perçues comme offensantes, ont été modifiées au XXe siècle : ainsi les Basses-Pyrénées sont devenues les Pyrénées-Atlantiques. Notons une bizarrerie : le fleuve Var ne coule pas dans le Var ! Pourquoi ? Parce que l'arrondissement de Grasse en a été détaché en 1860 pour former les Alpes-Maritimes avec le comté de Nice.

Solutions p. 78

Plaines, rivages et sommets

Question 1

Retrouvez la hauteur de ces sommets du massif des Vosges.

le ballon d'Alsace •	• 1 363 m
le Hohneck •	• 1 424 m
le Grand Ballon •	• 1 247 m

Question 2

Retrouvez le nom de ces animaux que l'on peut rencontrer dans les Alpes.

a) le mouflon
b) le bouquetin
c) le chamois
d) le chevreuil

Question 3

Retrouvez l'altitude de ces villes.

Béziers •	• 53 m
Albi •	• 474 m
Foix •	• 169 m

Question 4

Parmi ces sommets du massif du Mont-Blanc, lesquels dépassent 4 000 m d'altitude ?

a) le piton des Italiens
b) la dent du Géant
c) l'aiguille du Midi
d) l'aiguille Verte
e) le dôme du Goûter
f) le mont Dolent

Question 5

Associez chaque montagne ou volcan à son île.

la montagne Pelée •	• Guadeloupe
la Soufrière •	• Tahiti
le piton de la Fournaise •	• Martinique
l'Orohena •	• Réunion

Question 6

Retrouvez la hauteur de ces sommets du massif du Jura.

le mont d'Or •	• 1 463 m
le crêt Pela •	• 1 720 m
le crêt de la Neige •	• 1 495 m

Question 7

Parmi ces stations thermales, quelles sont celles qui se trouvent en Auvergne ?

a) Vittel
b) Luxeuil
c) Plombières
d) La Bourboule
e) Vichy
f) Saint-Nectaire

Question 8

Retrouvez la hauteur de la chaîne des Puys.

le puy de la Vache •	• 1 468 m
le puy de Côme •	• 1 253 m
le puy de Dôme •	• 1 167 m

Question 9

Retrouvez la hauteur de ces sommets des Pyrénées.

le pic de Saint-Barthélemy •	• 2 785 m
le mont Canigou •	• 3 248 m
le pic du Marboré •	• 2 348 m

Le mont Canigou.

Qui suis-je ?

Au cœur de la Bourgogne, je suis un massif montagneux bien arrosé.

Réponse : le Morvan. Le Morvan bénéficie en effet d'un réseau hydrographique dense : plus de 2 000 km de cours d'eau arrosent les différentes vallées.

Question 10

Parmi ces villes, sélectionnez celles qui se trouvent au bord la mer.

a) Roscoff
b) Paimpol
c) Saint-Malo
d) Rennes
e) Laval
f) Brest

Citation

« Ondoyant et divers, tel est le paysage de France, mêlant le clair et l'obscur, l'ordre et l'anarchie, l'intime et l'écrasant » (Jean-Robert Pitte, *Histoire du paysage français,* 1983)

Question 11

Quel nom donne-t-on à la côte aquitaine ?

a) la côte d'Argent
b) la côte d'Or
c) la côte de Vermeil
d) la côte de Bronze
e) la côte d'Émeraude

Question 12

Sur quelle île composant la Guadeloupe se trouve le volcan de la Soufrière ?

a) Grande-Terre
b) Marie-Galante
c) Basse-Terre

Qui suis-je ?

Je suis une fleur jaune printanière et l'un des emblèmes du massif des Vosges.

Réponse : la jonquille. Chaque année, à Gérardmer, on fête l'arrivée des jonquilles sur les coteaux du lac. Certains disent que lorsqu'on arrache une jonquille, dix repoussent... Heureusement, car il faut 350 000 fleurs pour parer un char !

Question 13

Quel pourcentage du territoire français est situé en dessous de 250 m d'altitude ?

a) environ 30 %
b) environ 60 %
c) environ 80 %

Question 14

Laquelle de ces villes est la plus proche de l'océan Atlantique ?

a) Aubusson
b) Cognac
c) Confolens

Bories du Vaucluse.

Des paysages anciens

Certains paysages français sont d'une grande ancienneté : ainsi, l'on repère un peu partout des traces des cadastrations romaines, même si sur ce point les historiens locaux ont parfois fait preuve d'une imagination excessive. Les paysages de vignobles en terrasse de la vallée du Rhône datent sans doute de l'époque de la colonisation grecque à Marseille et autour. Certains habitats ruraux reproduisent des formes remontant à la Préhistoire, comme les bories du Vaucluse, qu'on a continué à édifier jusqu'au XXe siècle.

Question 15

Laquelle de ces villes est la plus proche de la mer Méditerranée ?

a) Aix-en-Provence
b) Narbonne
c) Draguignan

Question 16

La forêt de Paimpont en Bretagne est aussi connue sous le nom de forêt :

a) de Brocéliande.
b) de Mélisande.
c) de Samarcande.

Question 17

L'éruption de la montagne Pelée de 1902 détruisit entièrement la ville de Saint-Pierre. Ce volcan se trouve :

a) en Martinique.
b) en Guadeloupe.
c) en Corse.

Question 18

Quelle est la plus haute station de ski française ?

a) Val-Thorens
b) Tignes
c) Méribel

La France chevelue

César qualifie de « chevelue » la partie de la Gaule qu'il a conquise, non du fait de la pilosité de ses habitants, mais de l'importance de sa couverture forestière. Les défrichements médiévaux ont beaucoup fait reculer les forêts, mais elles regagnent rapidement du terrain depuis le début du XXe siècle à cause de l'exode rural et de l'arrêt de la cuisine et du chauffage au bois. Aujourd'hui, la France, avec 26 % de son territoire couvert de forêts, est le pays le plus boisé d'Europe occidentale, mais loin derrière la Finlande ou la Russie.

Qui suis-je ?

Je suis une sorte de taupe avec une trompe et je prends mes douches dans les torrents des Pyrénées.

Réponse : le desman. Le desman est un animal insolite qui ne vit que dans les Pyrénées et dans le nord de l'Espagne. Il se nourrit de larves d'insectes et de petits crustacés.

Question 19

La chaîne des Puys a façonné le relief :

a) des Alpes-Maritimes.
b) des Vosges.
c) de l'Auvergne.

Question 20

Les îles de la Martinique et de la Guadeloupe sont situées près du continent :

a) américain.
b) africain.
c) européen.
d) asiatique.

Question 21

On trouve à Étretat, en Haute-Normandie, les pieds dans l'eau, un pic de 70 m de hauteur surnommé :

a) le trou.
b) l'aiguille.
c) le gratte-ciel.

Question 22

En quelle année l'État a-t-il entrepris l'aménagement de la côte languedocienne ?

a) 1963
b) 1978
c) 1982

Solutions p. 79

La population française

La population française

Même au XIXe siècle, lorsque la manie des classifications raciales faisait rage, personne n'a jamais pu identifier une « race française » — selon le discours dominant, la France était un « creuset de races ». C'est que ce carrefour de l'Europe est une terre de migrations : son peuplement a été significativement renouvelé lors des invasions celtes, puis à l'époque romaine (à cause des légions, mais aussi de l'essor des échanges) puis lors des invasions germaniques et arabes du haut Moyen Âge. Même Attila, dont les troupes étaient composées d'ancêtres des Mongols, des Turcs et des Hongrois, a atteint Orléans — combien d'entre nous sont parents de Gengis Khan ?

Info

Nicolas Sarkozy, dont le père est hongrois, est le premier enfant d'immigré à dominer la vie politique française depuis Léon Gambetta, fils d'un commerçant génois, dans les années 1870.

Citation

« Si vous passez un jour, à l'heure de midi, vers Mont-Saint-Martin ou Villerupt, près d'une des nombreuses cantines italiennes, votre odorat est désagréablement chatouillé par des odeurs d'abominables ratatouilles. Des vieilles sordides, à la peau fripée et au cheveu rare, font mijoter des fritures étranges dans des poêles ébréchées. Et les bêtes mortes de maladie, à des lieues à la ronde, ne sont pas souvent enfouies, elles ont leur sépulture dans les estomacs des Italiens, qui les trouvent excellentes pour des ragoûts dignes de l'enfer. Toute cette cuisine diabolique passe encore sous le ciel bleu de l'Italie, et fait d'ailleurs partie de la « couleur locale » des quartiers pauvres de Rome ou de Naples. Mais il en va tout autrement en Lorraine, où la saleté chronique et la façon de vivre déplorable des Italiens font courir de sérieux dangers de contamination à la population indigène. »

***L'Est républicain*, 1905.**

Immigrés d'hier et d'aujourd'hui

Le discours sur le caractère inassimilable de l'immigré est loin d'être récent : il s'est appliqué successivement à toutes les grandes communautés immigrées, notamment les Italiens dès avant 1914 et les Polonais dans l'entre-deux-guerres. En un temps où les Européens se ressemblaient beaucoup moins entre eux qu'aujourd'hui, les coutumes de ces populations devaient paraître encore plus « exotiques » que celles des immigrés du tiers-monde aujourd'hui — notamment sur le plan religieux : ils étaient très croyants, et la France, fort anticléricale.

Dans les années 1920 de nombreux Polonais émigrèrent en France pour pallier la pénurie de main-d'œuvre. Installés dans le Nord et l'Est, ils ont souvent travaillé comme mineurs. Mais 18 % travaillaient comme ouvriers agricoles, notamment dans les grandes exploitations :

a) champenoises.
b) beauceronnes.
c) picardes.

Réponse : c)

Évolution de la population française selon la nationalité

Année de recensement	Population (en milliers)	Part de la population		
		Français de naissance (en %)	Français par acquisition (en %)	Étrangers (en %)
1921	38 798	95,4	0,7	3,9
1926	40 228	93,4	0,6	6,0
1931	41 228	92,5	0,9	6,6
1936	41 183	93,4	1,3	5,3
1946	39 848	93,5	2,1	4,4
1954	42 781	93,4	2,5	4,1
1962	46 459	92,6	2,8	4,7
1968	49 655	92,1	2,7	5,3
1975	52 599	90,8	2,6	6,5
1982	54 296	90,5	2,6	6,8
1990	56 652	90,5	3,1	6,3
1999	58 521	90,4	4,0	5,6
Au 1er janvier 2005	60 825	90,0	4,3	5,7

Champ : France métropolitaine. *Source : Insee, recensements de la population.*

Population estimée des régions par tranche d'âge au 1er janvier

	2007 (p)			
	moins de 20 ans	de 20 ans à 59 ans	60 ans ou plus	Total
Alsace	452 637	1 018 376	354 987	1 826 000
Aquitaine	713 286	1 658 455	774 759	3 146 500
Auvergne	292 844	701 699	344 457	1 339 000
Bourgogne	375 665	843 559	410 776	1 630 000
Bretagne	761 619	1 629 131	727 750	3 118 500
Centre	613 820	1 320 072	595 608	2 529 500
Champagne-Ardenne	330 630	717 170	288 200	1 336 000
Corse	63 301	158 412	76 787	298 500
Franche-Comté	289 361	614 112	251 027	1 154 500
Île-de-France	3 018 296	6 660 471	1 937 733	11 616 500
Languedoc-Roussillon	605 781	1 320 139	639 080	2 565 000
Limousin	148 738	375 777	208 485	733 000
Lorraine	567 596	1 276 215	492 689	2 336 500
Midi-Pyrénées	640 442	1 488 403	677 155	2 806 000
Nord-Pas-de-Calais	1 100 418	2 172 292	748 790	4 021 500
Basse-Normandie	360 024	756 095	343 881	1 460 000
Haute-Normandie	472 908	972 568	367 524	1 813 000
Pays de la Loire	893 256	1 833 009	754 235	3 480 500
Picardie	502 316	1 026 529	369 155	1 898 000
Poitou-Charentes	391 611	894 261	448 128	1 734 000
Provence-Alpes-Côte d'Azur	1 144 974	2 509 534	1 200 492	4 855 000
Rhône-Alpes	1 552 801	3 264 797	1 255 902	6 073 500
France de province	12 274 028	26 550 605	11 329 867	50 154 500
France métropolitaine	15 292 324	33 211 076	13 267 600	61 771 000
Guadeloupe	123 664	211 244	68 092	403 000
Guyane	95 888	105 012	12 600	213 500
Martinique	114 021	211 881	74 098	400 000
Réunion	276 043	425 434	89 023	790 500
France métropolitaine et DOM	**15 901 940**	**34 164 647**	**13 511 413**	**63 578 000**

(p) résultats provisoires arrêtés fin 2008 *Source : Insee, estimations de population.*

À quelle époque les cagots ont-ils commencé à être discriminés ?

a) au IXe siècle
b) au XIIIe siècle
c) au XIVe siècle

Réponse : b) Les cagots existaient probablement avant le XIIIe siècle, mais c'est en 1288 que le terme apparaît pour la première fois.

Des intouchables en France

Comme l'Inde et le Japon, la France a longtemps eu ses intouchables, les cagots de Pyrénées, discriminés car accusés de colporter la lèpre. Ils vivaient dans des quartiers réservés, certains devaient s'habiller de rouge ou signaler leur approche grâce à une crécelle ; ils avaient leurs propres fontaines et bénitiers. Les métiers liés à la terre, à l'eau et au feu leur étant interdits, ils étaient souvent charpentiers, maçons, bûcherons ou tonneliers. Le statut fut aboli par Louis XIV en France, puis en 1819 dans l'ancien royaume de Navarre.

La vallée d'Ossau dans le Béarn où vivaient de nombreux cagots.

Évolution historique et immigration

Question 1

En 800, la population de la France est estimée à :

a) 8 800 000 personnes.
b) 12 000 000 de personnes.
c) 14 000 000 de personnes.

Sacre de Charlemagne le 25 décembre 800.

Question 2

On estime que la population de Paris à la fin du XVIe siècle était d'environ :

a) 200 000 personnes.
b) 500 000 personnes.
c) 600 000 personnes.

Une terre d'immigration

La France est de longue date une terre d'immigration : on dit qu'un Français sur quatre au moins a un grand parent né à l'étranger. En revanche, du fait d'une pression assez faible sur la terre, liée à une densité de population assez basse, les Français n'ont jamais beaucoup émigré ; même pour peupler l'Algérie, il a fallu faire appel à des Italiens et à des Espagnols. Mais certaines montagnes pauvres ont une tradition d'émigration, notamment le Pays Basque et les Alpes-de-Haute-Provence (vers l'Amérique) et la Corse (surtout vers l'Empire colonial).

Question 3

Une des plus grandes pandémies de peste qui affecta toute l'Europe se produisit au XIVe siècle. Elle fut responsable de la mort de :

a) 5 millions de personnes.
b) 10 millions de personnes.
c) 25 millions de personnes.
d) 40 millions de personnes.

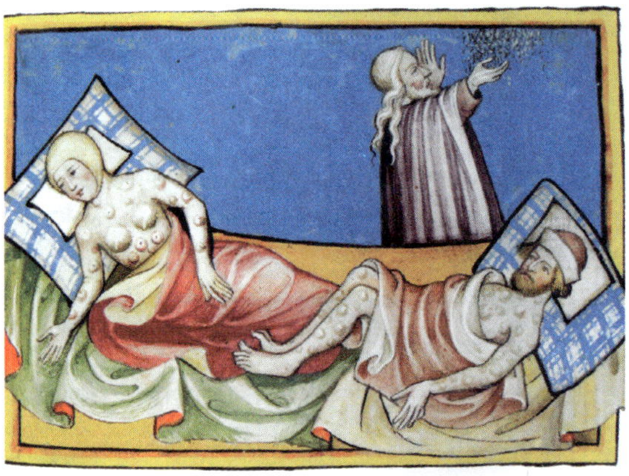

Illustration de la *Bible de Toggenburg* (1411).

Question 4

La dernière épidémie de peste bubonique en France prit naissance à Marseille et se répandit en Provence et dans le Languedoc. Cet épisode commença en :

a) 1659.
b) 1720.
c) 1894.

Question 5

Au début du XVIIe siècle, la France compte environ :

a) 20 millions d'habitants.
b) 30 millions d'habitants.
c) 40 millions d'habitants.

Question 6

La grande famine de 1693-1694 due à de mauvaises récoltes à la suite d'un hiver rigoureux et d'un printemps pluvieux a entraîné un surcroît de 1 300 000 morts. Qui régnait pendant cette période ?

a) Louis XIII
b) Louis XIV
c) Louis XVI

Question 7

Sous le règne de Louis XIV, sur 100 enfants qui naissaient, 25 mouraient avant l'âge d'1 an. Combien mouraient entre 20 et 45 ans ?

a) 10
b) 25
c) 30

Question 8

Bien avant les autres pays européens, la France a entamé sa phase de baisse de la natalité. Elle a commencé :

a) au Moyen Âge.
b) entre les XVIIe et XIXe siècles.
c) dans l'entre-deux-guerres.

Question 9

En 1900, en France, le nombre de naissances s'élevait à :

a) 726 300.
b) 885 200.
c) 917 100.

Question 10

L'année 1916 est celle où le nombre de naissances fut le plus bas du XXe siècle. Il était de :

a) 259 000.
b) 384 700.
c) 439 400.

Femmes travaillant dans une usine d'obus pendant la Première Guerre mondiale.

Question 11

Entre 1945 et 1946, le nombre de naissances est passé de 645 900 à :

a) 712 000.
b) 795 600.
c) 843 900.

Question 12

Entre les XIVe et XVIe siècles, la population française n'augmente pas. Ceci favorisera une immigration en provenance des pays limitrophes pour augmenter :

a) le nombre de soldats.
b) la main-d'œuvre.
c) le clergé.

Question 13

À la fin du XVIIe siècle, environ 40 000 jacobites émigrèrent en France pour fuir des persécutions. Ils venaient :

a) de Hollande.
b) de Suisse.
c) du Royaume-Uni.

Question 14

Après l'émigration de l'époque tsariste, une deuxième vague d'immigration russe arriva en France dans les années :

a) 1920.
b) 1930.
c) 1940.

Question 15

En 2004, les mariages mixtes impliquant un conjoint d'origine algérienne sont 2,5 fois plus nombreux chez les :

a) femmes.
b) hommes.

Question 16

Les travailleurs saisonniers immigrés employés pour les vendanges en France viennent principalement :

a) du Maroc.
b) de Tunisie.
c) de Pologne.

Question 17

Le nombre de demandeurs d'asile conventionnel augmente depuis 1998. Il concerne principalement :

a) le Maghreb.
b) l'Afrique noire.
c) l'Asie.

Le droit d'asile

La loi distingue trois types de droit d'asile. L'asile conventionnel, l'asile constitutionnel et l'asile territorial. Le premier fait référence à l'article 1er A.2 de la convention de Genève de 1951, le deuxième au préambule de la Constitution de 1946, et le troisième à l'article 3 de la convention européenne de Sauvegarde des droits de l'homme et des libertés fondamentales de 1950. Seuls les deux premiers donnent droit au statut de réfugié.

Solutions p. 81

Démographie

Question 1

Combien la France métropolitaine compte-t-elle d'habitants ?

a) environ 60 millions
b) environ 61 millions
c) environ 62 millions

Question 2

Indiquez le nombre d'habitants de chaque pays.

France •	• environ 45 millions
Allemagne •	• environ 59 millions
Espagne •	• environ 64 millions
Italie •	• environ 82 millions

Question 3

Classez ces régions françaises de la plus peuplée à la moins peuplée.

Île-de-France	1
Aquitaine	....
Nord-Pas-de-Calais	....
PACA	....
Pays de la Loire	....
Rhône-Alpes	....

Citation

« La France compte trente-six millions de sujets, sans compter les sujets de mécontentement. »
(Henri Rochefort, éditorial du premier numéro de *La Lanterne*, 1868)

Question 4

Entre 1999 et 2006, toutes les régions ont vu leur population augmenter sauf une. Laquelle ?

a) le Nord-Pas-de-Calais
b) la Champagne-Ardenne
c) le Limousin
d) la Corse

Question 5

Comme la majorité des pays, la France compte plus de femmes que d'hommes. Actuellement, ces pourcentages sont :

a) 55,4 % de femmes et 44,6 % d'hommes.
b) 50,4 % de femmes et 49,6 % d'hommes.
c) 51,4 % de femmes et 48,6 % d'hommes.

Question 6

L'espérance de vie des hommes en France en 2008 est de :

a) 75,9 ans.
b) 77,5 ans.
c) 78,3 ans.

Le poids de la France

Un peu moins d'un homme sur cent est français ; le poids démographique de la France diminue rapidement dans le monde. En Europe, la France est passée du 1er rang sous Louis XIV au 3e aujourd'hui (après la Russie d'Europe et l'Allemagne), mais elle est récemment repassée devant le Royaume-Uni et l'Italie du fait de sa natalité, la plus dynamique du vieux continent avec celle de l'Irlande, et de l'immigration. Cette situation, d'autant plus positive que le territoire n'est pas surpeuplé, est récente : du début du XIXe siècle à la fin des années 1930, la France avait l'une des démographies les plus languissantes du monde, et dans l'entre-deux-guerres seule l'immigration explique que la population ne se soit pas mise à diminuer ; puis le baby-boom de l'après-guerre a été suivi d'une nouvelle période de faiblesse démographique, jusqu'aux années 1990. Ces variations, imprévisibles et difficiles à expliquer, ne sont que très lointainement liées aux évolutions de la politique démographique et familiale des gouvernements.

Question 7

L'espérance de vie des femmes en France en 2008 est de :

a) 82,1 ans.
b) 83,2 ans.
c) 84,3 ans.

Question 8

Le seuil de renouvellement, c'est-à-dire le nombre moyen d'enfants par femme auquel une population se maintient au même niveau, est d'environ 2,1 enfants par femme dans les pays développés. En France, actuellement l'indice de fécondité est :

a) inférieur à 2.
b) supérieur à 2.

Question 9

L'âge moyen des mères à la maternité en 2008 est de :

a) 28,6 ans.
b) 29,9 ans.
c) 30,2 ans.

Question 10

En France combien d'enfants sont nés en 2008 ?

a) 785 985
b) 801 000
c) 852 000

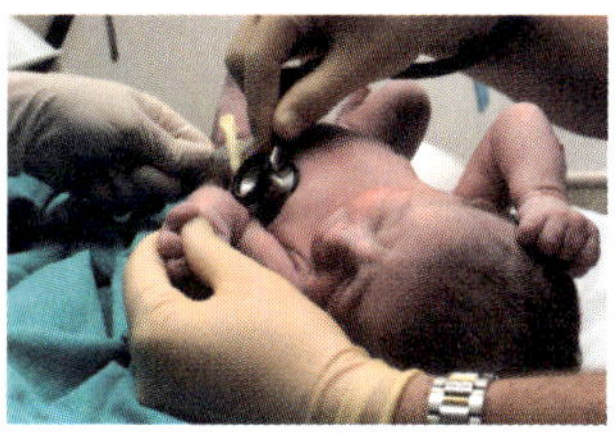

Question 11

Le pourcentage d'enfants nés hors mariage en 2008 est de :

a) 39 %.
b) 48 %.
c) 52 %.

Question 12

Le nombre de PACS, dont 94 % concernent des partenaires de sexe opposé, a dépassé depuis sa création en 1999, le nombre de :

a) 360 000.
b) 530 000.
c) 610 000.

Question 13

Le pourcentage de dissolution des PACS est stable. Il avoisine les :

a) 5 %.
b) 13 %.
c) 18 %.

Question 14

Le taux de mortalité infantile est stable depuis plusieurs années. Il est de :

a) 1,4 pour mille.
b) 2,9 pour mille.
c) 3,8 pour mille.

Question 15

Le nombre de décès en 2008 est de :

a) 543 500.
b) 612 000.
c) 753 000.

Question 16

En 2009, près de 8 % de la population a 75 ans ou plus :

a) vrai
b) faux

Question 17

Le taux de divorces (données 2006) est le plus élevé chez les couples mariés depuis :

a) 4 ans.
b) 6 ans.
c) 7 ans.

Question 18

Le nombre d'interruptions volontaires de grossesse reste stable. Chaque année il est d'environ :

a) 100 000.
b) 200 000.
c) 300 000.

L'ère des centenaires

Comme dans tout le monde développé, le nombre de centenaires explose : 100 en 1900, 13 500 en 2009. C'est une situation inédite dans l'histoire, si l'on excepte quelques îles et vallées retirées dont les données démographiques suspectes s'expliquent sans doute surtout par le caractère récent de l'état civil. L'être humain ayant vécu le plus longtemps dans des conditions raisonnables de fiabilité des données la concernant est la Française Jeanne Calment (1875-1997) ; la doyenne actuelle des Français est Eugénie Blanchard, née en Guadeloupe en 1896.

Solutions p. 82

Répartition, aspects socio-économiques

Question 1

La population des espaces ruraux augmente aujourd'hui au même rythme que celle de l'ensemble du territoire français.

a) vrai
b) faux

Question 2

Quelle est la région de France métropolitaine la moins peuplée après la Corse ?

Question 3

L'Île-de-France compte plus de 6 millions d'habitants. Quelle région occupe la deuxième place ?

a) Provence-Alpes-Côte d'Azur
b) Nord-Pas-de-Calais
c) Rhône-Alpes

Question 4

La natalité est très forte en Île-de-France, elle représente environ 40 % de la totalité de la croissance naturelle de la population du pays. Quels sont les deux départements qui participent le plus à la natalité ?

a) Essonne
b) Hauts-de-Seine
c) Paris
d) Seine-et-Marne
e) Seine-Saint-Denis
f) Val-d'Oise
g) Val-de-Marne
h) Yvelines

Question 5

Quel département d'outre-mer est le plus peuplé ?

a) la Martinique
b) la Guadeloupe
c) la Réunion
d) la Guyane

Question 6

Classez ces départements en fonction du nombre d'habitants.

Charente	n°.............
Charente-Maritime	n°.............
Deux-Sèvres	n°.............
Vienne	n°.............

Question 7

Parmi ces départements, lequel est le plus peuplé ?

a) Bouches-du-Rhône
b) Nord
c) Hauts-de-Seine

Question 8

Après Paris, Marseille et Lyon, quelle ville compte le plus d'habitants ?

a) Bordeaux
b) Toulouse
c) Nice
d) Nantes

Question 9

Lille compte plus d'habitants que Strasbourg.

a) vrai
b) faux

Urbains et ruraux

85 % des Français vivaient à la campagne en 1789, un sur quatre aujourd'hui : c'est en 1931 que les urbains sont devenus majoritaires. L'exode rural a été à son apogée dans les années 1950, période où les villages entièrement abandonnés n'étaient pas rares. Depuis, les campagnes, notamment celles proches des villes, des grandes voies de communication et des zones touristiques, se repeuplent, mais pas d'agriculteurs : il n'y a plus que 350 000 exploitations agricoles professionnelles.

Question 10

La Seine-et-Marne est un département francilien comptant près de 1,3 million d'habitants.
Ce département regroupe des villes qui ont la particularité de :

a) ne jamais avoir été jumelées avec une ville anglaise.
b) ne pas dépasser 50 000 habitants.

Question 11

Classez ces villes en fonction du nombre d'habitants, de la plus à la moins peuplée.

Grenoble n°.....
Le Havre n°.....
Montpellier n°.....
Nantes n°.....
Rennes n°.....

Grenoble.

Question 12

Trouvez le nom des habitants de chacune de ces villes.

Besançon ....
Foix ....
La Roche-sur-Yon ....
Créteil ....
Fontainebleau ....
Saint-Brieuc ....

Château de Fontainebleau.

Question 13

En 2005, le temps de travail hebdomadaire moyen des professions indépendantes était de :

a) 48 heures et 20 minutes.
b) 51 heures et 30 minutes.
c) 56 heures et 50 minutes.

Question 14

Le taux d'emploi des 15-64 ans est de 63 %. Par rapport aux autres pays d'Europe, ce taux est :

a) bas.
b) élevé.

Question 15

En 2000, le système de soins de la France a été classé par l'OMS au :

a) 1er rang.
b) 2e rang.
c) 3e rang.

Question 16

Les célibataires et les veufs, hommes ou femmes, ont une mortalité plus élevée que les personnes mariées.

a) vrai
b) faux

Question 17

Entre 45 et 64 ans, la première cause de mortalité est due :

a) aux maladies cardio-vasculaires.
b) au cancer.
c) aux accidents.

Question 18

Chez les femmes, on note une forte augmentation du cancer :

a) du sein.
b) du côlon.
c) du poumon.

Question 19

Entre 1980 et 2004, la mortalité due aux accidents cardio-vasculaires a diminué de :

a) 10 %.
b) 18 %.
c) 25 %.

Question 20

En 2004, il y a eu en moyenne 750 décès pour 100 000 habitants, mais 1 012 pour les hommes et 565 pour les femmes. Cette surmortalité masculine est due :

a) aux comportements à risques.
b) à une fragilité biologique.
c) à des causes encore inexpliquées.

Question 21

La violence, notamment conjugale, est responsable en France de la mort de nombreuses femmes. Les statistiques sont de :

a) 6 décès par jour.
b) 6 décès par mois.
c) 6 décès par trimestre.

Citation

« Nous sommes dans une période, assez rare, où la crise et l'impuissance des puissants laissent une place au libre arbitre de chacun »
(Immanuel Wallerstein, sociologue à l'université de Yale)

Question 22

La crise économique de 2008 engendre une forte augmentation du chômage. Quel pourcentage de la population serait touché en 2009 ?

a) 7,5 %
b) 8,2 %
c) 9,8 %
d) 10,4 %

Question 23

Le déficit de la Sécurité sociale ne cesse d'augmenter depuis la fin des années 1980. En 2009, son montant prévu serait de :

a) 10 milliards.
b) 13 milliards.
c) 18 milliards.

Question 24

La protection de l'environnement est créatrice d'emplois. Aux États-Unis, le nouveau gouvernement prévoit la création de 2,5 millions d'emplois, tandis que la France en prévoit :

a) 400 000.
b) 1 million.
c) 1,5 million.

Question 25

Le Revenu de solidarité active, le RSA, est destiné aux allocataires de l'aide au parent isolé, aux bénéficiaires du RMI et aux travailleurs pauvres. Au total, il concerne environ :

a) 3,5 millions de personnes.
b) 5 millions de personnes.
c) 7,3 millions de personnes.

Question 26

Au premier trimestre 2009, la chute des ventes immobilières en Île-de-France a atteint :

a) 25 %.
b) 30 %.
c) 40 %.

Question 27

Qui a dit pour rassurer les épargnants :
« Je n'accepterai pas qu'un seul déposant perde un seul euro » ?

Question 28

Attribuez à chaque pays le pourcentage de terres labellisées bio.

Allemagne •	• 9 %
Autriche •	• 4 %
Belgique •	• 2 %
Danemark •	• 10 %
Espagne •	• 4 %
France •	• 13 %
Italie •	• 5 %
Pays-Bas •	• 7 %
Portugal •	• 2 %
Royaume-Uni •	• 2 %

Question 29

Parmi les entreprises citées, lesquelles occupent le premier rang mondial ?

a) L'Oréal (cosmétiques)
b) Vinci (bâtiment)
c) Véolia (eau)
d) Areva (nucléaire)
e) Essilor (verres)
f) JC Decaux (mobilier urbain)

Question 30

Aujourd'hui, le réseau de voies ferrées à grande vitesse s'élève à près de 2 000 km. La ligne TGV actuellement en construction reliera :

a) Dijon à Mulhouse.
b) Bordeaux à Toulouse.
c) Le Mans à Nantes.
d) Lyon à Turin.

La fin des rentiers

En 1911, la France comptait 550 000 rentiers : beaucoup n'étaient pas issus de riches familles nobles ou bourgeoises, mais ils avaient prêté un capital à l'État qui les remboursait à raison de 5 % ou 3 % de cette somme par an, à titre viager. Ils ne faisaient rien et leur entretien coûtait fort cher aux finances publiques ; dès les années 1920, Keynes proclamait la nécessité de les « euthanasier » (économiquement, s'entend). Effectivement, ils n'ont pas survécu à l'inflation qui a régné pendant la plus grande partie du XXe siècle.

Solutions p. 83

Les Français et leur(s) **langue**(s)

Les Français et leur(s) **langue**(s)

Il y a longtemps que les Français sont fiers de leur langue, langue de cour et de pouvoir, langue littéraire brillante dès le Moyen Âge. Au XVIe siècle, seule une minorité de sujets du roi la parlaient, mais elle était déjà pratiquée par la majeure partie des élites ; cette pratique – et cette fierté sans doute plus répandue que la pratique – étaient l'une des rares choses que ces populations très diverses avaient en commun. Aux XIXe et XXe siècles, la francisation du pays n'a pas rencontré de résistances actives. Aujourd'hui, même si la nation ne se définit pas en termes linguistiques, la défense de la langue, notamment contre l'influence anglaise, est l'un des « musts » du nationalisme français.

Qu'est-ce que le français ?

Le français est la forme que le latin vulgaire a pris dans le centre du Bassin parisien depuis le Moyen Âge ; il s'écrit depuis le IXe siècle. Du fait de fortes influences celtiques et germaniques, c'est une langue beaucoup plus évoluée que l'italien ou l'espagnol (même si l'orthographe archaïsante atténue cette impression) ; mais elle a connu une forte « relatinisation » à la Renaissance.

C'est aujourd'hui l'une des langues occidentales les plus riches en vocabulaire et en niveaux d'expression, mais aussi l'une des plus strictement normées sur le plan de l'écrit, du fait du poids de l'Académie française depuis le XVIIe siècle ; d'où une certaine raideur, notamment par rapport à l'anglais.

Il y a moins d'un siècle que le français est devenu le moyen d'expression quotidien de l'ensemble de la population, suite au recul des langues régionales ; surtout, il est presque autant parlé (comme première langue) hors de France qu'en France, et même s'il n'est qu'au 10e rang mondial environ pour le nombre de locuteurs. C'est la langue la plus utilisée au niveau international après l'anglais.

L'Institut de France, siège de l'Académie française.

À quelle époque le français a-t-il été imposé sur l'ensemble du territoire comme langue officielle ?

a) 1515
b) 1527
c) 1539
d) 1565

Réponse c)
C'est l'ordonnance de Villers-Cotterêts (1539) qui a imposé le français comme langue officielle des documents administratifs. Mais il fallut attendre la Révolution pour que le pouvoir formule une politique d'assimilation linguistique de l'ensemble de la population de la France.

Po polsku

Il n'y a pratiquement plus de non-francophones en France, sauf en Guyane et parmi les immigrés récents, qui s'adaptent vite (au moins les hommes) pour trouver du travail. De l'entre-deux-guerres aux années 1950, les deux plus importantes communautés non-francophones étaient les Alsaciens et Lorrains âgés, éduqués en allemand entre 1871 et 1918, et… les immigrés polonais, implantés dans les bassins miniers par villages entiers, curés compris, dans les années 1920 : la première génération a eu du mal à s'intégrer.

Glyphes mayas.

Une langue logique ?

Depuis Rivarol, on explique en France que le français est une langue supérieure en clarté parce que l'ordre des mots (sujet-verbe-objet) est le plus « logique », celui par lequel l'esprit perçoit spontanément les réalités. C'est évidemment une idée... très française : notre perception de la réalité est influencée par l'ordre dans lequel nous la verbalisons ! Les Turcs, qui ont l'ordre sujet-objet-verbe, ou encore les Mayas (verbe-sujet-objet), ont eux aussi l'impression que c'est selon leur ordre que la réalité se présente à l'esprit.

Info

Lors de la révision constitutionnelle de 2008, en rupture majeure avec deux siècles de jacobinisme, il a été reconnu que « les langues régionales appartiennent au patrimoine de la France ». Mais la France n'a toujours pas signé la charte européenne des langues régionales.

Les langues régionales face au centralisme révolutionnaire

À partir de l'an II de la République (1793), la situation se tend progressivement entre le pouvoir parisien et toute une série de régions hostiles à la radicalisation de la Révolution. Dans ce contexte, les jacobins au pouvoir tendent à considérer les langues régionales comme des véhicules de propagande hostile ; du reste, cette génération qui a également unifié les poids et mesures, le droit, les droits et devoirs de la population, l'organisation administrative du pays, etc., estimait que le progrès allait de pair avec la réduction des différences héritées d'un passé monarchique détesté.

« Le fédéralisme et la superstition parlent bas-breton ; l'émigration et la haine de la République parlent allemand [ce sont l'alsacien, le lorrain et le flamand qui sont visés] ; la contre-révolution parle italien [c'est le corse qui est visé] et le fanatisme parle basque. Cassons ces instruments de dommage et d'erreur ».
Barrère, *Rapport sur les idiomes au Comité de salut public*, 1794.

L'orthographe, une passion française

L'orthographe est un sujet qui passionne et chagrine beaucoup les Français, et donne lieu régulièrement à des querelles d'autant plus violentes que bien souvent aucun des partis en présence n'a d'argument fondé. D'un côté, l'on trouve généralement les grammairiens et les linguistes, qui, au fait de l'histoire de notre langue, connaissent les erreurs qui se sont répétées, les absurdités qui pourraient être supprimées, en un mot savent « comment on en est arrivé là » ; « là », c'est-à-dire à cette orthographe si souvent cauchemardesque pour les étrangers qui apprennent le français. De l'autre côté, se trouvent des amoureux du langage et des écrivains, pour lesquels les difficultés mêmes de notre orthographe rendent le français encore plus attachant, plus désirable peut-être, comme une maison dont les ombres, les craquements sinistres, les recoins mystérieux suscitent autant de peurs que de rêves... Derrière ces amoureux de la langue se cachent des bataillons entiers de citoyens qui font, avec délices et horreur, des fautes d'orthographe, mais ne voudraient surtout pas que l'on touche à un cheveu de l'ordre orthographique. Sans compter ceux, bien entendu, qui n'aiment pas le changement, et qui ne supporteraient pas que l'on modifie ces graphies acquises au prix de tant d'efforts : ne dit-on pas qu'il faut environ dix ans pour apprendre correctement l'orthographe française ?

(D'après Pascale Cheminée, *Aux origines du français*, Paris, Éditions Garnier, 2007.)

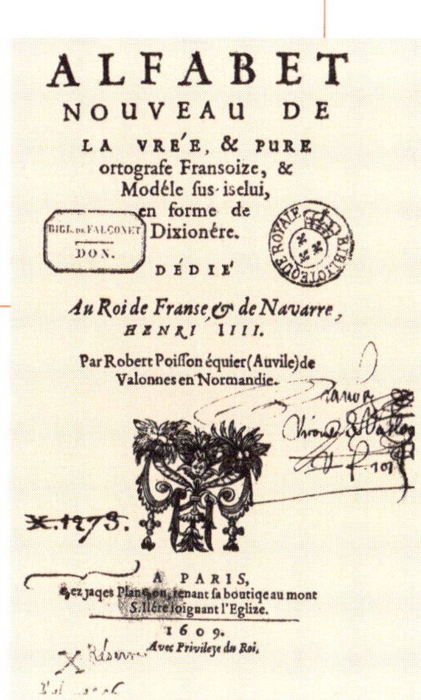

ALFABET NOUVEAU DE LA VRE'E, & PURE ortografe Fransoize, & Modéle fus-iselui, en forme de Dixionére.

DÉDIE'

Au Roi de Franse & de Navarre, HENRI IIII.

Par Robert Poisson équier (Auvile) de Valonnes en Normandie.

A PARIS, Chez jaques Planson, tenant sa boutiqe au mont S. Ilére joignant l'Eglize.

1609.

Avec Privileje du Roi.

Poisson (Robert), *Alfabet nouveau de la vrée, & pure ortografe françoize, & modèle sus iselui, en forme de dixionére*. Paris, J. Plançon, 1609. © BNF – Gallica, FRBNF37250908.

Aux origines **du français**

Question 1

Quel est le nom de la première œuvre littéraire écrite en français ?

a) *La Séquence de Sainte Eulalie*
b) *La Chanson de Roland*
c) *Perceval ou le conte du Graal*

Question 2

Retrouvez les dates de ces grandes étapes de l'histoire de la langue française et de ses dictionnaires.

1539 •	• Louis Meigret, *Tretté de la Grammere francoeze*
1549 •	• Blaise Pascal, *Pensées*
1550 •	• création de l'Académie française
1580 •	• Pierre Richelet, *Dictionnaire françois*
1606 •	• Jean Nicot, *Thresor de la langue françoyse*
1629 •	• Du Bellay, *La Deffence, et illustration de la langue françoyse*
1635 •	• fondation du Collège des trois langues
1647 •	• Vaugelas, *Remarques sur la langue françoise*
1670 •	• Montaigne, *les Essais*
1680 •	• Robert Estienne, *Dictionaire Francoislatin*

Montaigne.

Question 3

Qui présente en 1794 un *Rapport sur la nécessité et les moyens d'anéantir les patois et d'universaliser l'usage de la langue française* ?

a) l'abbé Maury
b) l'abbé Grégoire
c) l'abbé Sieyès

Question 4

Le 2 thermidor de l'an II, soit le 20 juillet 1794, la Convention nationale passe une loi concernant la langue française. Qu'impose-t-elle ?

a) son enseignement dans les écoles de la République
b) l'emploi du français dans tout acte public
c) le bilinguisme patois-français dans les écoles

Question 5

Quelles mesures sont prévues par la loi Guizot du 28 juin 1833 ?

a) Chaque commune française a l'obligation de financer une école de filles et une école de garçons.
b) Chaque commune doit entretenir un instituteur.
c) Chaque département doit avoir une école normale pour former les enseignants.
d) Le corps des inspecteurs est mis en place.

Question 6

De nombreux toponymes français comportent la forme *Cuq* : *Cucq* dans le Pas-de-Calais, *Cucuron* dans le Vaucluse, *Cucco* en Corse. Quel est le point commun entre tous ces lieux ?

a) Ils se trouvent près d'un lac.
b) Ils sont situés en bordure d'une forêt.
c) Ils sont situés sur une hauteur.

Question 7

Associez chaque mot à son origine.

ail •	
alun •	
ami •	
as •	
bief •	• gaulois
bruyère •	
buis •	
chemin •	• latin
lande •	
silex •	
suie •	
tête •	

Question 8

Parmi les mots suivants, quels sont ceux qui ont gardé en français non seulement leur forme latine, mais également leur sens d'origine ?

a) coriza
b) agenda
c) lynx
d) prospectus
e) lupanar
f) tribunal
g) pensum
h) sphincter

Citation

« Et si notre Langue n'est si copieuse, & riche que la Grecque, ou Latine, cela ne doit estre imputé au default d'icelle, comme si d'elle mesme elle ne pouvoit jamais estre si non pautre, & stérile : mais bien on le doit attribuer à l'ignorance de notz majeurs, qui [...] ayans en plus grande recommandation le bien faire, que le bien dire, & mieux aimans laisser à leur postérité les exemples de vertu, que les preceptes, [...] nous ont laissé nostre Langue si pauvre, & nue, qu'elle a besoing des ornementz, & (s'il fault ainsi parler) des plumes d'autry. »
(Joachim du Bellay, *La Deffence, et illustration de la langue françoyse*, 1549)

Question 9

Quels mots ont pour origine la langue des vikings ?

a) flotte
b) vague
c) hache
d) homard
e) haricot
f) marsouin

Le « franglais » de la Révolution

La Révolution française marque une date importante pour l'influence de l'anglais. Le domaine le plus touché est celui de la politique, les Français ayant conçu une grande admiration pour le régime parlementaire britannique. Voici quelques-uns de ces apports de l'anglais au français à la fin du XVIIIe siècle : *agitateur, ajourné, amendement, bagage, cabine, confortable, désappointé, libéraliser, magazine, motion, officiel, respectabilité, revue, romantique...* L'allure tout à fait française de ces mots venus de l'anglais s'explique du fait qu'une bonne partie d'entre eux est d'anciens mots français qui, après un petit séjour en Angleterre, ont fait le voyage en sens inverse et nous sont revenus, généralement avec un nouveau sens. Ainsi, l'ancien français *reveue*, « revue », emprunté par les Anglais, est devenu chez eux *review* « périodique », qui, de retour en France, a donné notre mot *revue*.

Question 10

Associez chacune de ces racines grecques à son sens.

mélano- •	• maison
leuco- •	• tête
chloro- •	• cercle
éco- •	• blanc
morpho- •	• main
cyclo- •	• vert
cardio- •	• peau
céphal- •	• sang
chiro- •	• noir
dermo- •	• cœur
hémo-, hémato- •	• forme

Question 11

Parmi ces mots, lesquels viennent du persan ?

a) aubergine
b) azur
c) carmin
d) épinard
e) jasmin
f) laque
g) lascar
h) lilas
i) marcassite
j) nénuphar
k) orange

Question 12

De leurs expéditions en Amérique, les Espagnols ont rapporté tout un vocabulaire emprunté aux indigènes parlant le quechua, le nahuatl, le tupi-guarani, l'arawak ou le caraïbe. Voici une liste de mots venus des langues d'Amérique *via* l'espagnol. Retrouvez l'origine de chacun.

ananas •
avocat •
cacahuète •
cannibale •
canoë •
caoutchouc •
chocolat •
coca •
colibri •
hamac •
maïs •
marigot •
ouragan •
panama •
pirogue •
savane •
tomate •

• tupi-guarani (Brésil, Orénoquie, Paraguay)
• quechua (Pérou, Bolivie, Équateur)
• nahuatl (Mexique)
• arawak (Antilles, Orénoquie, Amazonie)
• caraïbe (Antilles, Orénoquie, Amazonie)

Solutions p. 85

Langues régionales et français des régions

Question 1

En Nouvelle-Calédonie le nombre de langues régionales (langues kanakes) s'élève à :

a) 5.
b) 14.
c) 34.

Question 2

Le nom de famille basque « Etcheverry » correspond en français à :

a) Laforêt.
b) Lefèvre.
c) Maisonneuve.

Le français et ses dialectes

Comme toutes les langues, le français est dialectalisé. Le dialecte dominant est celui de Paris ; les autres, que l'on réduit souvent à des « accents », reflètent le substrat des langues régionales. Ainsi, dans la zone franco-provençale, on recourt à des pronoms personnels objets d'origine locale (« j'y ai fait » pour « je l'ai fait »). Certains écrivains enrichissent leur français de traits régionaux : ainsi le Parisien Louis Aragon emploie parfois la forme méridionale « nous deux », calque du catalan et du provençal *amb*, en lieu et place de « avec ».

Question 3

Parmi ces mots, lequel vient du breton ?

a) lande
b) bijou
c) genêt
d) benne

Question 4

De ces quatre fragments de textes littéraires, l'un est en provençal rhodanien, l'autre en gascon de la vallée d'Aspe, le troisième en catalan de Céret, le quatrième en corse de Sartène. Saurez-vous les distinguer ?

a) E canto, gau ! l'aubeto vèn de pougne
(Eh, chante, coq ! L'aurore vient de poindre. Mistral.)

b) Eth bon Pastor que va viéner ! Que sera eth nostre meste a tots
(Le Bon Pasteur va venir ! Il sera notre maître à tous. Andrèu Eygun.)

c) Aquest estel que baixa de muntanya/Vers l'Establia els pastes acompanya
(Cette étoile qui descend de la montagne/ accompagne les berges vers l'Étable. Edmont Brazès.)

d) L'annata di a to morti, o Vincè, nimu a sà esattamenti
(En quelle année tu es mort, Vincent, personne ne sait exactement. Paula Desanti.)

Question 5

De quand date le premier livre imprimé en basque ?

a) 1545
b) 1731
c) 1861

Question 6

Le Félibrige, né en 1854, est une association de promotion de la langue :

a) bretonne.
b) corse.
c) occitane.

Question 7

L'écrivain provençal Frédéric Mistral a inventé ou popularisé deux prénoms féminins qui sont aujourd'hui d'usage courant, ce sont :

a) Emma.
b) Magali.
c) Chantal.
d) Mireille.
e) Marilhac.

Question 8

L'édit de Villers-Cotterêt (1539) met fin à l'usage consistant à rédiger les actes publics en :

a) latin.
b) occitan.
c) langues régionales quelles qu'elles soient.

Question 9

En corse, le graphème « ghj » se prononce :

a) « tch ».
b) « djï ».
c) « kj ».

Question 10

Quel écrivain français en langue régionale a obtenu le prix Nobel ?

a) Théodore Hersart de la Villemarqué, en 1874
b) Frédéric Mistral, en 1904
c) Charles Maurras, en 1936

Question 11

En 2006, quelle est la proportion de bascophones au Pays basque français ?

a) 71 %
b) 22,5 %
c) 6 %

Question 12

Où parle-t-on créole ?

a) en Martinique
b) en Guadeloupe
c) à la Réunion
d) à l'île Maurice
e) à Mayotte

Question 13

En breton, que signifie l'élément « ker » ?

a) « fort », « village »
b) « église »
c) « paroisse »

Question 14

Quel est le nom de Lille en flamand ?

a) Rijsel
b) Dijsel
c) Lejle

Le beffroi de Lille.

Question 15

L'alsacien se rattache :

a) au haut-allemand.
b) au bas-allemand et au néerlandais.
c) au frison.

Question 16

Donibane-Loitzune est le nom basque :

a) de Bayonne.
b) de la province de Soule.
c) de Saint Jean de Luz

Le basque, une langue orpheline

Depuis le XIXe siècle, on a tenté de faire entrer le basque, seule langue non indo-européenne d'Europe occidentale, dans les familles de langues les plus diverses : langues berbères, caucasiennes, finno-ougriennes, dravidiennes, et même dans une hypothétique famille « dené-caucasienne » qui s'étendrait jusqu'au Nouveau-Mexique. On l'a aussi rapproché du sumérien et de l'étrusque. Toutes ces tentatives ont échoué : les linguistes s'accordent aujourd'hui sur le constat que, si une parenté existe, elle est trop lointaine pour pouvoir être prouvée.

Question 17

Associez chaque nom donné à Dieu à la langue régionale d'où il provient.

Atua •	• tsigane (parler sinti)
Dēvel •	• corse
Déu •	• basque
Diu •	• breton
Doue •	• tahitien
Jainko •	• catalan

Question 18

Qu'est-ce que l'émérillon ?

a) un parler corse
b) un parler alsacien
c) une langue indienne de Guyane française
d) le nom local du créole de la Réunion

Question 19

Le franco-provençal est parlé :

a) dans le Dauphiné.
b) en haute Ardèche.
c) par les Tsiganes de la vallée du Rhône.

Question 20

Les mots « gadzh » et « erdaldun » signifient tous deux « celui ou celle qui ne parle pas notre langue »… mais dans quelles langues, justement ?

basque •	
corse •	• gadzh
tsigane •	• erdaldun
alsacien •	

Question 21

De ces quatre mots d'argot, un vient du tsigane et un autre du gaulois. Retrouvez-les.

chouraver •	
larfeuille •	• tsigane
bagnole •	• gaulois
bécane •	

Question 22

Le mot « abeille » vient du provençal. Il a remplacé le vieux mot français :

a) « é », trop court.
b) « aville », qui avait trop d'homonymes.
c) « avit », qui avait un sens obscène.

Question 23

De ces trois langues régionales françaises, l'une est la langue officielle d'un pays indépendant. Laquelle ?

a) le provençal
b) le catalan
c) le franco-provençal

Question 24

Qu'est-ce que le *Barzaz Breiz*, monument de la littérature bretonne ?

a) un recueil de cantiques médiévaux
b) un recueil de chants populaires
c) le roman le plus connu de Théodore Hersart de la Villemarqué

Question 25

Quelle langue est parlée par Panurge dans *Pantagruel* de Rabelais ?

a) le breton
b) le basque
c) l'occitan

Le breton et le gaulois

Depuis deux siècles, la controverse fait rage au sujet des origines du breton : s'agit-il d'une langue importée de l'ancienne Bretagne (Angleterre et pays de Galles) par des populations chassées par les invasions germaniques aux IVe-VIe siècles, ou d'une survivance du gaulois ? La vérité est probablement quelque part entre les deux : du celtique insulaire influencé par du gaulois, et ce à des doses inégales selon les dialectes (l'empreinte gauloise est sans doute plus forte en vannetais).

Citation

« Le français, ce sont les grandes orgues, qui se prêtent à tous les timbres, à tous les effets, des douceurs les plus suaves aux fulgurances de l'orage. Il est, tour à tour ou en même temps, flûte, hautbois, trompette, tam-tam et même canon. » (Léopold Sédar Senghor, *Éthiopiques*)

Question 26

Dans l'entre-deux-guerres, les régionalistes alsaciens réclamaient :

a) que l'allemand demeure la langue officielle de l'Alsace à côté du français.
b) que l'alsacien devienne co-officiel avec le français.
c) le trilinguisme officiel allemand-français-alsacien.

Question 27

À la rentrée scolaire 2006, les écoles Diwan scolarisaient en breton environ :

a) 2 950 élèves
b) 9 700 élèves
c) 53 400 élèves

Question 28

Associez chacun de ces parlers à la région où ils sont utilisés.

auvergnat •
beauceron •
berrichon •
bourbonnais •
bourguignon •
briard •
brionnais •
charolais •
dijonnais •
forézien •
morvandiau •
nivernais •
orléanais •
percheron •
solognot •
vélaisien •

• Auvergne
• Centre
• Bourgogne

Question 29

Parmi ces mots employés dans l'ouest de la France, quels sont ceux qui désignent des animaux ?

a) bibette
b) mille-goules
c) ajasson
d) bouchaud
e) aspic

Question 30

Dans le Languedoc, quand on est une *mounjo*, on est une :

a) institutrice.
b) religieuse.
c) policière.
d) agricultrice.
e) sage-femme.
f) chanteuse.

Carcassonne.

Question 31

Parmi ces adjectifs, lesquels ne peuvent pas qualifier un *franc-picard* ?

a) sage
b) décati
c) insolent
d) inventif
e) timide

Qui suis-je ?

Partout, je ferme les bouteilles mais à Lyon, c'est chez moi qu'on les ouvre...

Réponse : le bouchon. Un bouchon est en effet un petit restaurant traditionnel où l'on sert des spécialités lyonnaises... et les délicieux vins de la région.

Question 32

Parmi ces adjectifs, lequel ne peut pas qualifier une *pinéguette* ?

a) effronté
b) joli
c) timide
d) jeune
e) ambitieux

Question 33

Associez ces mots du sud-est de la France à leur définition.

escarasson •
daillon •
rataillon •
draille •

• petite quantité de nourriture
• sentier
• échelle à trois pieds pour la cueillette des fruits
• petite faux à lame courte

Question 34

Associez ces mots du nord-ouest de la France à leur définition.

élone •	• part de la pêche qui revient à chaque marin d'un bateau
grignou •	• escargot de Quimper
godaille •	• vagabond
margate •	• seiche

Qui suis-je ?

Je suis une plante très parfumée qu'on émiette sur les plats méditerranéens…

Réponse : la farigoule. C'est l'autre nom du thym. Ce terme désigne également une eau de toilette à base d'essence de thym.

Question 35

Associez ces verbes employés dans le centre de la France à leur définition.

accrassiner •	• pousser quelqu'un à la colère
marmuser •	• importuner
emmalicer •	• enterrer
encrotter •	• chuchoter

Question 36

Associez ces verbes employés dans les DOM-TOM à leur définition.

adoucir •	• fumer
emboucaner •	• pleuvoir finement
débasculer •	• domestiquer
fariner •	• retirer le bout de bois qui bloque les fenêtres

Question 37

Dans le Jura, on mange des dents-de-lion en salade ; ailleurs, on appelle cette plante à fleurs jaunes le…

Question 38

Près d'Orléans, quel garçon de la famille désigne le terme *macrou* ?

a) le premier
b) le deuxième
c) le troisième
d) le quatrième
e) le cinquième
f) le sixième
g) le septième

Question 39

Parmi ces mots, lequel n'est pas un mot de l'Ouest ?

a) gros-plant
b) maringouin
c) quichenotte
d) osterputz

Question 40

En Savoie, une carotte rouge est une :

a) tomate.
b) patate douce.
c) banane pimentée.
d) betterave.

Question 41

En Picardie, les aoûteux sont :

a) à la plage.
b) dans les champs.
c) au bureau.
d) à l'étranger.

Question 42

Indiquez le genre de ces mots, tous venus du Sud.

banaste •
becfigue •
borde •
farda •
gineste •
pèque •
tataragne •
toque-manette •

• masculin
• féminin

Solutions p. 86

À table
chez les Français !

À table chez les Français !

La cuisine française d'aujourd'hui est un mélange d'histoire, de recettes sophistiquées et de plats du terroir. Au Moyen Âge, la viande prend une place prioritaire dans le repas, de même que les épices qui répondent à des prescriptions diététiques et médicales. Pendant la Renaissance se développe le goût pour le sucré et l'aigre-doux. Sous Louis XIV, les cuisiniers français prônent une cuisine nouvelle qui respecte davantage le goût d'origine des aliments. Après la Révolution française, la cuisine se veut raffinée avec l'apparition des fonds de sauce et des soufflés. Avec le développement des grands hôtels en Europe et en Amérique au début du XXe siècle, la gastronomie française s'exporte et gagne en renommée. La seconde moitié du XXe siècle voit l'apparition de la « nouvelle cuisine » qui rejette la complication excessive des recettes et milite pour un retour au goût. Plus récemment, la cuisine moléculaire, également appelée cuisine du futur, a fait son apparition. Voici quatre menus pour découvrir plus de six siècles de gastronomie française !

Menu médiéval

Repas de noces dans la haute bourgeoisie parisienne

Assiette. – Beurre : rien, parce que c'est jour de viande. Item, cerises : rien, parce qu'on n'a pas pu en trouver. Donc pas d'assiette.
Potages : chapons au blanc-manger, grenade et dragée vermeille semées par-dessus.
Rôti : dans chaque plat, un quartier de chevreau : le quartier de chevreau est meilleur que celui d'agneau ; un oison, deux poussins avec les sauces qui vont avec, oranges cameline, verjus.
Après cela, nappes ou serviettes propres.
Entremets : gelée d'écrevisses, de loches, lapereaux et cochon.
Dessert : fromentée et venaison. Issue : hypocras et le métier.
Boute-hors : vin et épices.

Menu extrait de *Le Mesnager* de Paris, livre manuscrit domestique et en particulier culinaire écrit au XIVe siècle.

Associez chaque plat du Moyen Âge à son ingrédient principal.

Arboulastre •	• poulet
Blanc-manger •	• veau
Brouet Houssie •	• mouton
Civé d'oïstres •	• poireaux
Faulx grenon •	• fruits secs
Fraze •	• œuf
Oille •	• poisson
Oyes a la trayson •	• amandes
Porée blanche •	• oie
Tailliz •	• huîtres

Réponse : Arboulastre : œuf. – Blanc-manger : amandes. – Brouet Houssie : poulet. – Civé d'oïstres : huîtres. – Faulx grenon : veau. – Fraze : poisson. – Oille : mouton. – Oyes a la trayson : oie. – Porée blanche : poireaux. – Tailliz : fruits secs.

Menu royal

Menu Royal servi à Louis XIV à Saint-Germain-en-Laye

Consommé au Xérès garni de quenelles
Bisque d'écrevisse à la Nantua
Pâté d'anguilles en brioche
Paupiettes de saumon aux huîtres
Tourte de ris de veau Montglas
Beignets de béatilles du couvent
Sorbet à l'ananas et au rhum
Gratiné de ratafia
Escalopes de dinde à la Rameau
Foie d'oie frais aux raisins des serres de Versailles
Salade de laitues aux truffes
Soufflé au fromage des marchés de Savoie
Gougères au Saint-Germain
Bombe glacée royale
Croquembouche aux fruits confits
Fruits au sucre cuit
Violettes de Toulouse
Café

Menu retrouvé par Raymond Oliver avec détails d'ordonnancement, extrait du *Journal de Saint-Germain* du 9 décembre 1980.

Nouveau

Alain Ducasse propose désormais des cours au grand public. Il vient en effet d'ouvrir un atelier de cuisine dans le VIIIe arrondissement à Paris.

Menu littéraire (XIXe siècle)

Dîner banal de 16 couverts chez Alexandre Dumas

Potages
Tortue à l'anglaise
Consommé aux profiteroles

Relevés
Barbue sauce vénitienne
Filet de bœuf à la hussarde

Entrées
Suprême de volailles aux pointes d'asperges
Petites timbales de gibier aux truffes
Caisses de homards au beurre d'écrevisses
Chauds-froids de foies gras
Sorbets à l'italienne

Rôts
Chevreuil sauce groseille
Faisans et perdreaux rôtis

Entremets
Haricots verts nouveaux
Cèpes à la bordelaise
Crèmes de patates au malaga
Suédoise de pommes à l'anisette
Dessert

Alexandre Dumas concoctant une bouillabaisse de personnages.

Menu grand chef

En l'honneur de Paul Bocuse

Soupe de truffes Élysées de Paul Bocuse
Escalope de saumon de Loire à l'oseille de Pierre et Jean Troisgros
Canard Claude Jolly de Michel Guérard
Les petites salades du Moulin de Roger Vergé
Fromages
Desserts de Paul Bocuse

Servi avec
Montrachet 1970 Romanée-Conti
Château Margaux 1926
Morey Saint-Denis 1969 Domaine Dujac
Champagne Roederer 1926
Grand Bas-Armagnac 1893 Laberdolive

Menu offert par Monsieur Valéry Giscard d'Estaing, Président de la République, à l'occasion de la remise de la croix de la Légion d'honneur à Paul Bocuse, ambassadeur de la cuisine française le mardi 25 février 1975.

Des goûts et des couleurs

Selon une étude réalisée en 2006 par l'Insee, les plats préférés des Français sont, dans l'ordre, la blanquette de veau (24 %), le couscous (22 %) et les moules frites (20 %). Suivent la côte de bœuf et le bœuf bourguignon. Si les Français placent au 1er rang le pot-au-feu comme plat typiquement français, ce dernier n'arrive qu'en 7e position dans le classement.

Prêt pour un dîner sur Mars ?

En 2005, la société française de gastronomie Alain Ducasse Formation (ADF) a mis au point 11 recettes pour le compte de l'Agence spatiale européenne (Esa) et du Centre national d'études spatiales (Cnes).

Au menu :
- Pain martien à la confiture de tomates vertes
- Gnocchis à la spiruline
- Mille-feuille de pommes de terre et tomates
- Riz au lait de soja

Les menus sont tous à base de neuf ingrédients principaux que l'Esa pense pouvoir faire pousser dans les serres des futures colonies de Mars ou d'autres planètes. Actuellement, toute la nourriture des astronautes en mission est embarquée depuis la Terre, mais cela ne sera plus possible pour les longues missions.

Plats du jour

Question 1

Sélectionnez les ingrédients nécessaires pour préparer une carbonade flamande.

a) bœuf
b) bière brune
c) fenouil
d) oignons
e) porc
f) menthe

Question 2

De quel animal proviennent les pieds des pieds-paquets provençaux ?

a) du cheval
b) du bœuf
c) du veau
d) du mouton
e) du porc
f) du taureau

Citation

« Le plat du jour c'est bien, à condition de savoir à quel jour remonte sa préparation. » (Pierre Dac)

Question 3

Lequel de ces ingrédients ne trouverez-vous pas dans une garbure ?

a) du chou
b) des tomates
c) des fèves
d) des navets
e) des oignons
f) des carottes

Question 4

Reconstituez le nom de cette potée paysanne bretonne.

kig farz ha

Question 5

Associez chaque plat et son principal ingrédient.

biroulade •	• chou
macaronade •	• châtaignes
bourboulhade •	• pâtes
garbure •	• morue

Question 6

Associez chaque plat à sa région.

aligot •	
baeckeoffe •	
bouillabaisse •	
bourride •	
carbonade •	• Nord-Pas-de-Calais
cassoulet •	• Alsace
choucroute •	• PACA
flammekueche •	• Midi-Pyrénées
gratin dauphinois •	• Aquitaine
gratin de christophines •	• Rhône-Alpes
pissaladière •	• Auvergne
pommes sarladaises •	• Guadeloupe
pounti •	• Aquitaine
raclette •	• Languedoc-Roussillon
rougail saucisse •	• Réunion
tartiflette •	
tielle •	
tournedos Rossini •	
waterzoï •	

Question 7

Retrouvez la description de chaque charcuterie corse.

figatellu •	• faux-filet de porc fumé
lonzu •	• jambon cru séché
coppa •	• saucisse de foie
prisuttu •	• filet de porc fumé

Question 8

Parmi ces fleurs, laquelle est transformée en bonbons, vinaigres, sirops et liqueurs dans la ville de Nemours ?

a) le bouton d'or
b) le coquelicot
c) la violette
d) la rose
e) la marguerite

On mange trop !

Une récente étude de l'OCDE montre que les Français passent davantage de temps à table que leurs homologues des autres pays. Ainsi, la durée quotidienne moyenne des repas s'élève à 135 minutes en France, pratiquement deux fois plus que les Américains, les Canadiens ou les Mexicains.

(Source : *Le Panorama de la société observe l'évolution des tendances sociales dans les pays de l'OCDE*, mai 2009)

Citation

« Quand il y a à manger pour huit, il y en a bien pour dix. » (Molière, *L'Avare*)

Question 9

De quelle(s) spécialité(s) la ville d'Amiens peut-elle se targuer ?

a) le cointreau
b) le melon
c) l'anguille
d) le pâté de canard
e) la bière
f) les macarons

Qui suis-je ?

Je suis une soupe au lard du Limousin qu'on finit avec un verre de vin rouge.

Réponse : la bréjaude. Ce mot vient du verbe bréjer qui signifie « écraser ». En effet, à mi-cuisson, on écrase le lard pour que la viande se répande dans la soupe. Le verre de vin rouge avec lequel on rince son assiette s'appelle quant à lui le chabrot.

Question 10

Retrouvez ces spécialités de l'Ouest.

a) mouclade
b) huîtres
c) cognac
d) mojettes

Question 11

De quel animal provient la viande qui compose une gardiane, la daube camarguaise ?

a) du cheval
b) du bœuf
c) du veau
d) du mouton
e) du porc
f) du taureau

Question 12

Sélectionnez les ingrédients nécessaires pour préparer un poulet Célestine.

a) cognac
b) oranges
c) poulet
d) champignons
e) beaujolais
f) aneth

Question 13

Quel autre nom donne-t-on à la saucisse de Morteau ?

Question 14

Les viandes boucanées sont :

a) frites à la poêle.
b) bouillies avec des herbes.
c) marinées dans le citron.
d) fumées au feu de bois.

Question 15

Comment appelle-t-on ce plat du Nord composé de trois ou quatre viandes différentes ?

a) le potjevlesch
b) le waterzoï
c) le welsh
d) le quatre-viandes

Question 16

De quel ingrédient est principalement composée la cervelle de canut, spécialité lyonnaise ?

a) de chou
b) de porc
c) de fromage blanc
d) de bœuf
e) de tripes
f) de pomme de terre

Chantilly

Un dîner presque parfait

En avril 1671, le prince de Condé, alors en disgrâce, invite Louis XIV et sa cour à assister à une grande fête de trois jours en son château de Chantilly. Espérant ainsi regagner les faveurs du Roi, il confie à son maître d'hôtel, François Vatel, l'organisation des banquets. La pression exercée par le prince est si forte, qu'au matin du deuxième jour, ne voyant pas sa commande de poissons et de coquillages arriver, Vatel se suicide de trois coups d'épée. Il est enterré dans la plus grande discrétion pour ne pas gêner la fin des festivités.

Solutions p. 88

Plateaux de fromages

Qui suis-je ?

Je suis un fromage corse qu'on retrouve de l'entrée au dessert.

Réponse : le brocciu. Soupe au brocciu, lasagnes au brocciu, courgettes ou artichauts farcis au brocciu... Et en dessert : le célèbre fiadone ou les migliaci...

Question 1

Associez chaque fromage à sa région.

- beaufort •
- brie •
- brillat-savarin •
- camembert •
- chaource •
- comté •
- crottin de Chavignol •
- époisses •
- laguiole •
- langres •
- livarot •
- maroilles •
- mont-d'or •
- munster •
- olivet •
- reblochon •
- rollot •
- roquefort •
- saint-marcellin •

- • Alsace
- • Bourgogne
- • Centre
- • Champagne-Ardenne
- • Franche-Comté
- • Île-de-France
- • Midi-Pyrénées
- • Nord-Pas-de-Calais
- • Normandie
- • Picardie
- • Rhône-Alpes

Question 2

Parmi ces fromages franc-comtois, lequel se mange presque liquide ?

a) le comté
b) le morbier
c) la cancoillotte

Citation

« Un repas sans fromage est une belle à qui il manque un œil »
(Brillat-Savarin, *La Physiologie du goût*)

Question 3

Précisez si ces fromages méridionaux sont faits à base de lait de vache, de lait de chèvre ou de lait de brebis.

a) le cabécou ....
b) le pélardon ....
c) le roquefort ....
d) le laguiole ....
e) le bleu des causses ....

Question 4

Avec laquelle de ces confitures déguste-t-on les fromages en Corse ?

a) la confiture de prune
b) la confiture de figue
c) la confiture de poire
d) la confiture de groseille

Question 5

Quel fromage ajoute-t-on dans l'aligot ?

a) du cantal
b) de la tomme
c) du saint-nectaire
d) de la fourme d'ambert
e) du bleu d'Auvergne

Question 6

Parmi ces fromages de chèvre, quels sont ceux qui viennent du Poitou-Charentes ?

a) le mothais
b) le bougon
c) le picodon
d) le saint-loup
e) le pélardon
f) le rocamadour

Question 7

Quelle est la forme du fromage nantais dont la croûte est orange ?

a) triangulaire
b) ronde
c) carrée
d) rectangulaire
e) octogonale

Question 8

Parmi ces communes d'Île-de-France, lesquelles ont pour spécialité le brie ?

a) Melun
b) Montereau
c) Meaux
d) Boissets
e) Coulommiers
f) Nangis

Solutions p. 89

Douceurs **sucrées...**

Question 1

Retrouvez la description de chaque gâteau alsacien.

maennele •	• pâtisserie faite de pommes à la cannelle roulées dans une pâte fine
linzer •	• brioche en forme de couronne garnie de raisins secs
strudel •	• pâte briochée ayant la forme d'un bonhomme
kougloupf •	• tarte à la confiture couverte de lanières de pâte

Question 2

Avec quel bonbon rose garnit-on certaines brioches à Lyon ?

Question 3

Associez chaque dessert à sa région.

tarte Tatin •	• Bretagne
Paris-Brest •	• Midi-Pyrénées
tarte aux mirabelles •	• Île-de-France
far aux pruneaux •	• Martinique
croustade •	• Franche-Comté
blanc-manger •	• Centre
toutché •	• Lorraine

Question 4

Retrouvez la description de ces fruits que l'on trouve à la Martinique.

maracuja •	• fruit de forme ronde dont la chair orangée est douce et sucrée
carambole •	• gros fruit à chair blanche dont la peau est hérissée de piquants
corossol •	• fruit dont la forme rappelle une étoile à cinq branches

Question 5

Quel homme, roi et duc de Lorraine, est à l'origine du baba ?

Qui suis-je ?

Je suis née d'une étourderie dans une auberge de Sologne tenue par deux sœurs.

Réponse : la tarte Tatin. Dans l'affolement du service, l'une des sœurs Tatin avait oublié de mettre la pâte sous les pommes. Lorsqu'elle s'en rendit compte, elle couvrit les pommes de la pâte puis retourna le plat avant de le servir.

Question 6

Associez chaque douceur à la commune dans laquelle elle est une spécialité.

le cannelé •	• Lyon
le biscuit rose •	• Honfleur
la madeleine •	• Rouen
la pogne •	• Caen
la teurgoule •	• Gisors
le sucre de pomme •	• Reims
la brioche •	• Bordeaux
la fouace •	• Liverdun

Question 7

Tous ces desserts sont du Poitou sauf un… Lequel ?

a) le matafan
b) le broyé
c) le tourteau
d) la cornue
e) la grimollée

Question 8

Que fait-on traditionnellement avec les mirabelles en Lorraine ?

a) des tartes
b) des quiches
c) de la confiture
d) des bocaux
e) de la potée
f) de l'eau-de-vie

Nellie, Madeleine et les autres

On se souvient que la cantatrice Nellie Melba inspira au roi des chefs cuisiniers, Auguste Escoffier, sa fameuse pêche Melba. D'autres desserts portent le nom de femmes plus ou moins célèbres. Ainsi, en 1755, une jeune servante de Commercy, Madeleine Paulmier, sauva du désastre un dîner donné par le duc Stanislas Leszczynski en inventant la recette d'un petit gâteau en forme de coquillage. Le roi de Pologne, reconnaissant, baptisa le gâteau du prénom de la soubrette.

Solutions p. 89

À consommer **avec modération...**

Question 1

Parmi ces vins, lesquels sont alsaciens ?

a) le riesling
b) le banyuls
c) le tokay
d) le gewurztraminer
e) le sylvaner

Citation

« L'appétit vient en mangeant, la soif disparaît en buvant. » (François Rabelais)

Question 2

Quelle est la couleur du vin jurassien aux arômes de noix ?

a) rouge
b) rosé
c) blanc
d) jaune

Question 3

Quelle plante donne au pastis son goût anisé ?

Question 4

Pour chaque appellation, donnez l'âge minimum que doit avoir le cognac.

Trois étoiles ....
Réserve ....
Grande réserve..

Qui suis-je ?

Je suis un vin rouge du Sud-Ouest très riche en tanins.

Réponse : le madiran. Le madiran fut longtemps utilisé comme vin de messe ; les pèlerins de Compostelle contribuèrent à sa renommée.

Question 5

Associez chaque alcool à sa région.

le vin de paille •	
le blanc aligoté •	
le pineau •	
le Beaumes de Venise •	• Normandie
le cognac •	• Bretagne
l'armagnac •	• Lorraine
le calvados •	• Bourgogne
le grand-marnier •	• Aquitaine
le chouchen •	• Languedoc-Roussillon
le génépi •	• Franche comté
la mirabelle •	• PACA
le genièvre •	• Rhône-Alpes
l'apremont •	• Nord-Pas-de-Calais
le bergerac •	• Île-de-France
le bandol •	• Poitou-Charentes
le collioure •	

Question 6

De quelle couleur est la liqueur d'angélique, célèbre liqueur poitevine ?

a) verte
b) rose
c) ambrée
d) bleue
e) violette

Question 7

Associez ces alcools avec l'ingrédient qui les aromatise.

cointreau •	• griotte
guignolet •	• pomme
chouchen •	• orange
calvados •	• miel

Question 8

Comment se prénommait le vin de Cilaos à la Réunion ?

a) Isabelle
b) Sophie
c) Marianne
d) Célestine
e) Sidonie

Solutions p. 90

Cultures de France

Cultures de France

La France est un pays de cultures très diverses, qui parfois se côtoient sans se fréquenter. Si les spécificités de classes sont sans doute en déclin du fait du rôle fédérateur de l'école et des médias, et de la déprolétarisation des ouvriers, si la distance diminue entre cultures savantes et cultures populaires, en revanche Paris et les régions, la France de droite et la France de gauche, la France catholique et la France déchristianisée, n'ont toujours pas exactement les mêmes cultures, et montent volontiers leurs différences en épingle : notre histoire est conflictuelle, et nous avons la mémoire longue.

Ce qui unit la grande majorité des Français par-delà cette diversité, c'est l'attachement à une langue et à une littérature, et le culte de l'orthographe ; c'est l'histoire et notamment (même pour les républicains) nos grands chefs – mais aucun ne fait l'unanimité : même Napoléon et de Gaulle ont des ennemis farouches. C'est aussi, de manière plus consensuelle, l'attachement à la gastronomie et à l'art de vivre en général, qui est le trait par lequel on nous identifie le plus spontanément à l'étranger.

C'est un signe

Lisez-vous *La Princesse de Clèves* ? Nicolas Sarkozy est parvenu à refaire d'un roman écrit voici 330 ans un objet chargé de symboles, ce qui est une performance... très française ! Il est peu d'autres pays où la littérature occupe une telle place.

Le château de Chambord.

Le Signal, monument Maurice Barrès à Sion-Vaudémont en Lorraine.

Victimes de la mode

Il y a des modes en matière de « hauts lieux ». Certains s'effacent de la mémoire collective, parce qu'associés à des idéologies ou des sensibilités dépassées. Qui, hors de Lorraine, connaît encore la superbe « colline inspirée » de Sion-Vaudémont, dont Maurice Barrès avait fait le symbole d'une France éternelle ancrée dans ses terroirs ? De même, l'*oppidum* de Gergovie a souffert de l'effacement du mythe de « nos ancêtres, les Gaulois ».

D'autres lieux en revanche, jadis fort peu consensuels, ont été progressivement intégrés au patrimoine collectif, comme les palais royaux depuis que la République se pose en héritière du travail des « 40 rois qui ont fait la France ».

En 2008, l'Unesco a inscrit au patrimoine mondial un nouveau site français. Il s'agit :

a) des lagons de Nouvelle-Calédonie.
b) des calanques de Marseille.
c) de l'archipel des Tuamotu.
d) de l'île de Moorea.

Réponse a)
Les lagons et les récifs coralliens tropicaux de Nouvelle-Calédonie forment un exceptionnel écosystème de récifs coralliens et l'un des trois systèmes récifaux les plus étendus au monde. Ils possèdent la concentration la plus diverse du monde de structures récifales avec une variété exceptionnelle d'espèces de coraux et de poissons.

Monuments et patrimoine

Avec 33 biens classés au patrimoine mondial de l'Unesco, la France est au 3e rang mondial derrière l'Italie et l'Espagne et à égalité avec l'Allemagne. De ces biens, très peu sont des sites naturels ou des paysages, ce qui reflète une certaine conception du patrimoine : les autres sont essentiellement des monuments ou ensembles monumentaux anciens, à la notable exception du centre-ville du Havre, reconstruit par Auguste Perret après 1945 ; la Tour Eiffel n'est pas classée. À titre de comparaison, en Chine et en Russie, un tiers des biens classés sont des sites naturels.

Quelques sites et monuments classés

Le Mont Saint-Michel et sa baie.

Le canal du Midi.

La basilique de Vézelay.

Notre-Dame de Chartres.

**La Tour Eiffel n'a pas toujours fait l'unanimité.
Voici un extrait d'une pétition publiée dans *Le Temps* en 1887.
Parmi les signataires figurent Charles Gounod, Charles Garnier, Guy de Maupassant, Alexandre Dumas fils, François Coppée, Leconte de Lisle et Sully Prudhomme.**

« Nous venons, écrivains, peintres, sculpteurs, architectes, amateurs passionnés de la beauté jusqu'ici intacte de Paris, protester de toutes nos forces, de toute notre indignation, au nom du goût français méconnu, au nom de l'art et de l'histoire français menacés, contre l'érection, en plein cœur de notre capitale, de l'inutile et monstrueuse Tour Eiffel, que la malignité publique, souvent empreinte de bon sens et d'esprit de justice, a déjà baptisée du nom de tour de Babel. [...] La ville de Paris va-t-elle donc s'associer plus longtemps aux baroques, aux mercantiles imaginations d'un constructeur de machines, pour s'enlaidir irréparablement et se déshonorer ? [...].

Il suffit d'ailleurs, pour se rendre compte de ce que nous avançons, de se figurer un instant une tour vertigineusement ridicule, dominant Paris, ainsi qu'une noire et gigantesque cheminée d'usine, écrasant de sa masse barbare [...] tous nos monuments humiliés, toutes nos architectures rapetissées, qui disparaîtront dans ce rêve stupéfiant.

Et, pendant vingt ans, nous verrons s'allonger sur la ville entière, frémissante encore du génie de tant de siècles, nous verrons s'allonger comme une tache d'encre l'ombre odieuse de l'odieuse colonne de tôle boulonnée. »

Hauts lieux de culture

Question 1

Amateurs de spécialités régionales, dans quelle ville pourrez-vous visiter ces musées ?

musée des Beaux-Arts et de la dentelle •	• Troyes
musée de la Bonneterie •	• Biarritz
musée de l'Image et de l'imagerie •	• Arbois
musée de la Vigne et du vin •	• Calais
musée du Chocolat •	• Angoulême
musée de la Bande dessinée •	• Épinal

Question 2

Amoureux de la peinture, dans quelle ville pourrez-vous visiter ces musées ?

musée de l'atelier de Paul Cézanne •	• Montauban
musée Ingres •	• Pont-Aven
musée Toulouse-Lautrec •	• Aix-en-Provence
musée Paul Gauguin •	• Saint-Denis-de-la Réunion
musée Léon Dierx •	• Albi

Question 3

Reconstituez le calendrier des festivités.

carnaval des Deux Rives à Bordeaux •	• Janvier
féria de Nîmes •	• Février
fête de la Mirabelle à Metz •	• Mars
festival international de la Bande dessinée d'Angoulême •	• Avril
braderie de Lille •	• Mai
festival du Film de la Réunion •	• Juin
Transmusicales de Rennes •	• Juillet
Écluses en fête dans l'Hérault •	• Août
festival des Cathédrales de Picardie •	• Septembre
printemps de Bourges •	• Octobre
Eurockéennes de Belfort •	• Novembre
carnaval de Dunkerque •	• Décembre

Qui suis-je ?

Je suis une joyeuse kermesse dans le nord de la France.

Réponse : la ducasse.

Question 4

Dans quelle ville va s'ouvrir un second centre Pompidou ?

a) Metz
b) Orléans
c) Clermont-Ferrand

Question 5

Associez chacun de ces lieux à la ville qui les abrite.

l'église Saint-Éloi •	
l'hospice Comtesse •	
la Grand'Place •	
la Vieille Bourse •	• Lille
le marché au poisson place Minck •	• Paris
le musée d'Orsay •	• Dunkerque
le Musée portuaire •	
le parc Monceau •	

Question 6

Même question, mais plus au sud…

la Cité de l'espace •	
la Loge de mer •	
la tour de la Babote •	
le Corum •	• Perpignan
le Musée catalan •	• Toulouse
le musée des Augustins •	• Montpellier
le Musée languedocien •	
le palais des rois de Majorque •	
le pont Neuf •	

Palais des rois de Majorque

Question 7

Associez chaque photo à la ville dans laquelle elle a été prise.

a) Besançon
b) Pontarlier
c) Dole
d) Belfort

Citation

« La France est essentiellement, à tous égards, la nature cultivée, ce qu'est essentiellement un jardin. Son état général est essentiellement, sur tous les plans, depuis celui de la cuisine jusqu'à celui de la morale, mesure et harmonie. »
(Hermann von Keyserling, *Analyse spectrale de l'Europe*, 1928)

Question 8

Associez chaque photo à l'île sur laquelle elle a été prise.

a) Martinique
b) La Réunion
c) Guadeloupe
d) Tahiti

Question 9

Dans laquelle de ces villes pouvez-vous visiter une cathédrale Saint-Pierre ?

a) Beauvais
b) Lille
c) Amiens
d) Arras
e) Calais

Question 10

Combien d'années ont été nécessaires pour construire la cathédrale Saint-Pierre de Nantes ?

a) 98 ans
b) 236 ans
c) 457 ans

Question 11

Dans laquelle de ces cathédrales pouvez-vous admirer des vitraux dessinés par Chagall ?

a) la cathédrale Saint-Étienne de Metz
b) la cathédrale Notre-Dame-de-l'Annonciation de Nancy
c) la cathédrale Notre-Dame de Strasbourg
d) la cathédrale Notre-Dame de Verdun
e) la cathédrale Saint-Étienne de Toul

Question 12

Quelle cathédrale fut le sujet d'une série de trente toiles peintes par Monet ?

a) la cathédrale Notre-Dame de Rouen
b) la cathédrale Saint-Pierre de Rennes
c) la cathédrale Notre-Dame d'Évreux
d) la cathédrale Saint-Pierre de Lisieux
e) la cathédrale Saint-Corentin de Quimper

Question 13

Lequel de ces ordres monastiques a fondé l'abbaye de Fontenay en Bourgogne ?

a) dominicain
b) cistercien
c) bénédictin
d) franciscain
e) clunisien

Question 14

Quel roi permit la construction de l'ensemble gothique de la Merveille sur le mont Saint-Michel ?

a) Henri II
b) Louis VIII
c) Charles IV
d) Philippe II
e) Louis XI

Question 15

Lequel de ces théâtres bisontins peut accueillir le plus de spectateurs ?

a) le théâtre Bacchus
b) le petit théâtre de la Bouloie
c) le Grand Kursaal
d) le théâtre Alcyon
e) le Nouveau Théâtre

Question 16

Laquelle de ces portes lilloises date du XIXe siècle ?

a) porte de Gand
b) porte de Dunkerque
c) porte de Roubaix

Question 17

Sur quelle grande place lyonnaise se trouve une statue équestre de Louis XIV ?

a) place des Terreaux
b) place Bellecour
c) place des Jacobins
d) place du Change
e) place de la Comédie

Question 18

Sur quelle grande place bordelaise se trouve le monument aux Girondins ?

a) place des Quinconces
b) place de la Bourse
c) place de la Comédie
d) place Saint-Pierre
e) place de Sainte-Colombe

Question 19

Quel hôtel niçois, classé monument historique, domine la baie des Anges avec son dôme rose ?

a) l'hôtel Masséna
b) l'hôtel Roosevelt
c) l'hôtel Windsor
d) l'hôtel Comté de Nice
e) l'hôtel Negresco

Question 20

Laquelle de ces tours du Vieux port de la Rochelle s'appelait autrefois la tour du Garrot ?

a) la tour Saint-Nicolas
b) la tour de la Lanterne
c) la tour de la Chaîne

Question 21

À Besançon, le palais Granvelle date du :

a) XIVe siècle.
b) XVIe siècle.
c) XVIIe siècle.

Question 22

Lequel de ces châteaux n'est pas un château cathare ?

a) Durfort
b) Aguilar
c) Thoury
d) Peyrepertuse
e) Montaillou
f) Quéribus

Carnavals de France

Un certain nombre de villes françaises maintient la tradition des carnavals, qui ont pris des caractères locaux très affirmés avec le temps. Celui de Nice, le plus connu, attire plus d'un million de visiteurs : il remonte au XIIIe siècle et, sous sa forme actuelle, à 1873. Celui de Dunkerque, lié à une tradition très forte en Belgique, est moins ancien et moins couru, mais aussi, sans doute, moins soumis aux impératifs du tourisme. À Paris, la tradition carnavalesque, encore vive vers 1900, s'est éteinte au début des années 1950.

Qui suis-je ?

Je suis le plus grand et le plus majestueux des châteaux de la Loire.

Réponse : Chambord. Les travaux commencés par François Ier sont achevés sous le règne de Louis XIV, un siècle et demi plus tard.

Question 23

Dans quelle ville un château fort abrite-t-il la tenture de l'*Apocalypse* ?

a) Nantes
b) Angers
c) Noirmoutier

Question 24

Dans quelle région se trouve le château d'Ussé ?

a) Centre
b) Île-de-France
c) Bourgogne

Question 25

Dans quelle région se trouve le château de Lapalice ?

a) Pays de la Loire
b) Auvergne
c) Languedoc-Roussillon

Question 26

Lequel de ces châteaux ne fait pas partie des châteaux de la Loire ?

a) Fontainebleau
b) Chenonceau
c) Cheverny
d) Azay-le-Rideau

Question 27

Remplissez cette grille de mots croisés.

1. Peintre de la montagne Sainte-Victoire
2. Animaux sur la fontaine la plus célèbre de Chambéry
3. Troisième mot du tableau de Matisse *Luxe, calme et…*
4. Festival lyrique à Orange
5. Avenue de la palme d'or
6. Village perché avec vue sur les yachts

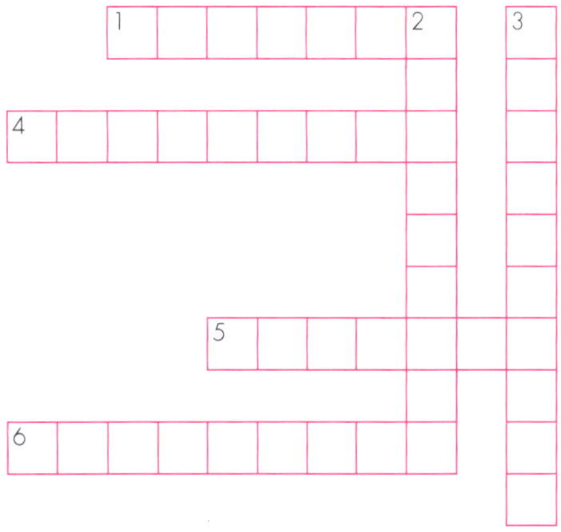

Question 28

Le théâtre antique d'Arles a été construit :

a) au IIe siècle avant J.-C.
b) au Ier siècle avant J.-C.
c) au Ier siècle après J.-C.

Question 29

Laquelle de ces fortifications messines date du XIIe siècle ?

a) porte Serpenoise
b) porte des Allemands
c) fort de Queuleu

Le Louvre

Le lieu de culture le plus monumental de France est le musée du Louvre, premier du monde par la superficie et le nombre d'œuvres exposées (35 000 : à raison de dix secondes par œuvre, il faudrait quatre jours pour tout voir sans manger ni dormir). Il remonte aux collections royales de peinture, partiellement ouvertes au public de 1750 à 1785 ; c'est la Révolution qui, en 1793, en fit un musée. Jusqu'en 1855, le public n'y était admis que le dimanche, la semaine étant réservée aux artistes.

Solutions p. 91

Illustres Français

Question 1

Associez ces personnes célèbres à la ville du nord de la France où elles sont nées.

Antoine Watteau •	• Lille
Philippe Noiret •	• Douai
Denis Diderot •	• Valenciennes
Didier Super •	• Langres

Question 2

Associez ces chansons à la gloire d'un lieu à leur auteur.

Les Marquises •	• Juliette Gréco
Dans la rue des Blancs-Manteaux •	• Laurent Voulzy
Brest •	• Jacques Brel
Marie-Galante •	• Christophe Miossec

Citation

« Plus jamais Claudel
La poésie est dans la rue
Le vent se lève. Il faut tenter de vivre »
Lu sur les murs en mai 1968.
NB : Le dernier de ces slogans est de Paul Valéry.

Question 3

Lequel de ces écrivains repose dans le cimetière marin de Sète ?

a) Paul Valéry
b) Guillaume Apollinaire
c) Gérard de Nerval
d) Colette
e) Alphonse Daudet

Qui suis-je ?

La Haute-Normandie où je suis né est aussi la région où ma première héroïne, Jeanne, vit sa triste vie.

Réponse : Maupassant. En effet, du couvent de Rouen au château des Peuples, sur la côte normande, Guy de Maupassant décrit dans Une vie les lieux de son enfance. La Normandie est d'ailleurs présente dans bon nombre de ses romans et ses contes.

Question 4

Lequel de ces auteurs n'a pas été récompensé à Angoulême ?

a) Claire Brétécher
b) Amélie Nothomb
c) Gotlib
d) Georges Wolinski
e) Enki Bilal

Question 5

Associez ces personnes célèbres à la ville de l'est de la France où elles sont nées.

Émile Gallé •	• Forbach
Michel Platini •	• Nancy
Patrica Kaas •	• Strasbourg
Jean Arp •	• Jœuf

Question 6

Quel célèbre poète martiniquais, décédé en 2008, fut maire de Fort-de-France de 1945 à 2001 ?

a) Aimé Césaire
b) Raphaël Confiant
c) Jean Bernabé
d) Patrick Chamoiseau
e) René Maran

Question 7

Dans quelle ville pouvez-vous passer devant la villa Déramond-Barre ?

a) Fort-de-France
b) Pointe-à-Pitre
c) Saint-Paul
d) Cayenne
e) Saint-Denis-de-la-Réunion

Question 8

Laquelle de ces personnes n'est pas née en Corse ?

a) Napoléon Bonaparte
b) Alizée
c) Tino Rossi
d) Laetitia Casta
e) Marie-José Nat
f) Jean-Marie Colombani

Question 9

Associez ces personnes célèbres à la ville du sud de la France où elles sont nées.

Olivia Ruiz •	• Aubagne
Alphonse Daudet •	• Banyuls-sur-Mer
Georges Brassens •	• Avignon
Aristide Maillol •	• Nîmes
Marcel Pagnol •	• Carcassonne
Henri Bosco •	• Sète

Question 10

Remplissez cette grille de mots croisés en trouvant qui se cache derrière chaque définition.

1. J'ai appris à manier les casseroles dans les Deux-Sèvres ; aujourd'hui, je suis le chef le plus étoilé de France !
2. Fille de Dieppe, quand je parle avec un air hautain, tout le monde éclate de rire. Pas facile d'être la comtesse de Montmirail…
3. J'ai grandi dans la campagne bourguignonne et j'ai commencé par écrire mes souvenirs d'école avant de devenir une grande romancière.
4. Je suis un écrivain français originaire du Puy-de-Dôme et mon œuvre érotique a secoué la littérature du XXe siècle.

Question 11

Lequel de ces écrivains n'est pas enterré au cimetière du Père Lachaise ?

a) Marcel Proust
b) François-René de Chateaubriand
c) Honoré de Balzac
d) Jules Romain

Question 12

Associez chaque personnalité française à l'association humanitaire qu'elle a créée.

l'abbé Pierre •	• les Restos du cœur
Bernard Kouchner •	• les Compagnons d'Emmaüs
Coluche •	• Médecins du monde

Question 13

Lequel de ces artistes n'a jamais rencontré le marchand d'art réunionnais Ambroise Vollard ?

a) Paul Gauguin
b) Eugène Delacroix
c) Henri Matisse
d) Paul Cézanne
e) Auguste Renoir

Qui suis-je ?

Né d'une mère basque en Uruguay,
je fus un poète naviguant toujours entre
mes deux patries.

Réponse : Jules Supervielle. Il repose aujourd'hui à Oloron-Sainte-Marie dans les Pyrénées-Atlantiques. La ville crée en 1990 un prix de poésie qui porte son nom.

Question 14

Dans quelle ville le duc Henri de Guise fut-il assassiné en 1588 ?

a) Orléans
b) Blois
c) Tours

Marianne

Le comble de la célébrité en France pour une femme : être choisie comme modèle pour la Marianne des mairies et des timbres. C'est en 1968 que l'idée est née, au profit de Brigitte Bardot. Lui ont succédé Mireille Mathieu (1978), Catherine Deneuve (1985), Inès de la Fressange (1989), Laetitia Casta (2000) et Évelyne Thomas (2003) : toutes des femmes de médias. Une seule femme, Marie Curie, est enterrée au Panthéon, aux côtés d'hommes aussi célèbres que Jean-Nicolas Démeunier (1751-1814) — *sic transit gloria mundi.*

Question 15

Dans quelle ville Henri III fut-il assassiné en 1589 ?

a) Paris
b) Senlis
c) Saint-Cloud

Chambre de Henri III au château de Blois.

Question 16

Dans quelle ville Sadi Carnot fut-il assassiné en 1894 ?

a) Lyon
b) Paris
c) Lille

Sadi Carnot.

Question 17

Dans quelle ville Jean Jaurès fut-il assassiné en 1914 ?

a) Paris
b) Lyon
c) Marseille

Question 18

Dans quelle ville Georges Besse – directeur de la régie Renault – fut-il assassiné en 1986 ?

a) Guyancourt
b) Paris
c) Boulogne-Billancourt

Question 19

Quel architecte a réalisé les anciennes Halles de Paris ?

a) Victor Baltard
b) Eugène Emmanuel Viollet-le-Duc
c) Jean Nouvel

Question 20

Lequel de ces peintres ne se réclame pas de l'école de Pont-Aven ?

a) Émile Bernard
b) Paul Sérusier
c) Robert Delaunay
d) Maxime Maufra
e) Paul Gauguin

Question 21

Associez ces personnes célèbres à la ville d'outre-mer où elles sont nées.

Roland Garros •	• Fort-de-France
Henri Salvador •	• Saint-Denis
Philippe Lavil •	• Basse-Terre
Marie-José Perec •	• Cayenne

Question 22

De quel écrivain né dans ses murs la ville de Nantes a-t-elle fêté le 150e anniversaire en 1978 ?

a) Jules Verne
b) Victor Hugo
c) Charles Baudelaire

Illustres inconnus

Parmi les « inconnus célèbres » dont la France peut s'enorgueillir, citons Joseph Guillotin, Alexis Godillot, Antoine Quinquet et Eugène Poubelle : tous sont restés pour avoir inventé ou popularisé l'objet qui porte leur nom. Ajoutons à cette liste l'inexistant « Hégésippe Simon, le Précurseur » dont des farceurs lancèrent le centenaire en 1914, invitant les parlementaires à l'inauguration de sa statue au village de Poil, dans la Nièvre, le 1er avril : plus d'un répondit qu'« il aurait bien aimé être à Poil le 31 mars », mais qu'il était empêché.

Solutions p. 92

Villes et villages de France

Question 1

Classez ces villes en fonction de la distance qui les sépare de Paris.

Metz •	• 313 km
Épinal •	• 282 km
Strasbourg •	• 400 km

Question 2

Une seule de ces villes n'est pas desservie par l'autoroute A7, dite « autoroute du Soleil ». Laquelle ?

a) Vienne
b) Montélimar
c) Grenoble
d) Orange
e) Vitrolles

Question 3

À quelle distance de Poitiers (par l'autoroute) se trouvent ces villes ?

La Rochelle •	• 330 km
Bordeaux •	• 130 km
Paris •	• 220 km

Qui suis-je ?

Entre Bardonèche et moi, il n'y a qu'un tunnel.

Réponse : Modane. De Modane à Bardonèche, en Italie, vous emprunterez le tunnel du Fréjus qui fait plus de 12 km.

Question 4

Quel pont vieux de 2 000 ans se situe entre Nîmes et Uzès ?

a) le viaduc de Millau
b) le pont du Gard
c) le pont Alexandre-III
d) le pont de Normandie
e) le viaduc de Garabit

Question 5

Dans laquelle de ces villes pouvez-vous vous déplacer en tramway ?

a) Valenciennes
b) Beauvais
c) Arras
d) Dunkerque
e) Chaumont
f) Épernay
g) Strasbourg

Question 6

Dans quelles stations de métro ne pouvez-vous pas descendre…

• … à Paris ?

a) Notre-Dame
b) Vavin
c) Hôtel-de-Ville
d) Voltaire
e) Diderot
f) Rousseau

• … à Lille ?

a) Saint-Philibert
b) Grand-Beffroi
c) Wazemmes
d) Jaurès
e) Thiers
f) Gambetta

• … à Lyon ?

a) Sans-Souci
b) Cité
c) Croix-Rousse
d) Foch
e) Bellecour
f) Charles-de-Gaulle

• … à Marseille ?

a) Le Panier
b) Canebière
c) Castellane
d) Frais-Vallon
e) Saint-Charles
f) Zola

Question 7

Parmi ces symboles, lequel figure sur le blason…

• … de Bordeaux ?

a) une croix
b) un cerf
c) une fougère
d) un croissant de lune
e) un anneau

- … de Nancy ?

a) une pivoine
b) un lys
c) un chardon

- … d'Angers ?

a) une clé
b) une couronne
d) un renard
d) un bateau

Question 8

Combien d'arrondissements y a-t-il à Marseille ?

a) 12
b) 16
c) 19

Citation

**« J'emmène avec moi pour bagage
Cent villages sans lien, sinon
L'ancienne antienne de leurs noms
L'odorante fleur du langage.**

**Adieu Forléans, Marimbault
Vallore-Ville, Volmerange.
Avize, Avoine, Vallerange
Ainville, Septoutre, Mongibaud »
(Louis Aragon, *Le Conscrit des cent villages*, 1943)**

Question 9

Parmi ces noms alsaciens, sélectionnez ceux qui désignent des quartiers de Strasbourg.

a) Neuhof
b) Neudorf
c) Robertsau
d) Brumath
e) Obernai
f) Ostwald

Question 10

Lesquels de ces villages n'ont pas été annexés à Paris en 1860 ?

a) Clamart
b) Vaugirard
c) Grenelle
d) Auteuil
e) Montmartre
f) Clichy
g) La Villette
h) Bagnolet
i) Charonne

Question 11

Quel arrondissement de Lyon est situé entre le Rhône et la Saône ?

a) 2e arrondissement
b) 7e arrondissement
c) 5e arrondissement

Lyon.

Question 12

Quelle est la plus longue rue de Paris ?

a) la rue La Fayette
b) la rue de Belleville
c) la rue de Vaugirard

Question 13

Dans quelle ville fait-on ses courses au marché de Wazemmes ?

a) Dunkerque
b) Calais
c) Lille

Question 14

Quel lycée strasbourgeois est accolé à la cathédrale ?

a) le lycée international des Pontonniers
b) le lycée Fustel-de-Coulanges
c) le lycée Kléber

Question 15

Quel insecte est l'emblème d'une grande brasserie de Nantes ?

a) la cigale
b) l'abeille
c) le scarabée

Question 16

Dans laquelle de ces villes pouvez-vous regarder l'heure sur une horloge astronomique ?

a) Dole
b) Arbois
c) Besançon
d) Belfort
e) Vesoul

Question 17

Dans quel vieux quartier de Strasbourg pouvez-vous vous promener le long des canaux en admirant les maisons à colombages ?

a) la Petite Allemagne
b) la Petite France
c) la petite Alsace
d) la petite Saxe
e) la Petite Venise

Question 18

Quelle roche volcanique, formée par la lave, est fréquemment utilisée comme matériau de construction en Auvergne ?

Question 19

Laquelle de ces villes est entourée de vignobles prestigieux ?

a) Saint-Aubin
b) Saint-Waast
c) Saint-Émilion
d) Saint-Souplet
e) Saint-Momelin

Question 20

Associez chaque place à sa ville.

la place des Palmistes •	• Nouméa
la place des Cocotiers •	• Fort-de-France
la place de la Savane •	• Cayenne
la place Tarahoi •	• Papeete

Question 21

Associez chaque spécialité à sa ville.

la dentelle •	• Jouy
le cristal •	• Épinal
la porcelaine •	• Aubusson
la toile •	• Limoges
la pipe •	• Cholet
l'image •	• Laguiole
la porcelaine •	• Calais
la faïence •	• Longwy
les émaux •	• Sèvres
le couteau •	• Saint-Claude
la tapisserie •	• Gien
le mouchoir •	• Baccarat

Question 22

La ville d'Aubusson, dans la Creuse, est la capitale de :

a) la faïence.
b) la tapisserie.
c) la poterie.
d) la lutherie.
e) la parfumerie.

Des coutumes ancestrales ?

Les coutumes régionales ne sont pas toujours aussi anciennes qu'on le pense : beaucoup se sont profondément transformées récemment, parfois pour les besoins de l'industrie touristique (comme les courses de taureaux), quand elles n'ont pas été inventées au XIXe siècle par quelque romantique soucieux de couleur locale. Dans d'autres cas, l'identification d'une coutume à une région s'est réalisée tardivement : au Moyen Âge, on jouait d'instruments proches du biniou jusqu'en Bohême et en Estonie, et toute l'Europe occidentale connaissait des jeux de paume proches de la pelote basque.

Question 23

La ville d'Ambert est connue pour son moulin qui continue à fabriquer du papier avec des morceaux :

a) de chiffon.
b) de bois.
c) de plastique.

Qui suis-je ?

Petite ville du Jura, je suis la mecque des myopes, des astygmates et des presbytes.

Réponse : Morez. Après la production d'horloges comtoises, c'est la production de lunettes qui devient l'activité principale de la vallée de Morez, de la fin XIXe siècle... à aujourd'hui. Il paraît que les Américains l'appellent la « Frame Valley » : la vallée de la monture.

Question 24

Retrouvez la race de ces vaches.

a) la Limousine
b) l'Aubrac
c) la Salers
d) la Charolaise

Question 25

Associez chaque film à la ville où il a été tourné.

Marius et Jeannette •	• Lyon
L'Horloger de Saint-Paul •	• Biarritz
Bienvenue chez les Ch'tis •	• Marseille
Le Soleil se lève aussi •	• Saint-Tropez
Et Dieu créa la femme •	• Nantes
Il y a longtemps que je t'aime •	• Nancy
La Demoiselle d'honneur •	• Bergues

Question 26

Associez chaque film à l'arrondissement parisien où se déroule le cœur de l'action.

Chacun cherche son chat •	• 10e arrondissement
Chansons d'amour •	• 18e arrondissement
Le Fabuleux destin d'Amélie Poulain •	• 11e arrondissement
Les Aventures de Rabbi Jacob •	• 4e arrondissement

Question 27

Associez chaque tableau à la région qu'il représente.

Le Bal du Moulin de la Galette d'Auguste Renoir •	• Haute-Normandie
Impression, soleil levant de Claude Monet •	• Bretagne
Autoportrait au Christ jaune de Paul Gauguin •	• Provence
La Montagne Sainte-Victoire de Paul Cézanne •	• Île-de-France

Question 28

Quels journaux pourrez-vous trouver quotidiennement dans les kiosques ? Associez villes et journaux, sachant qu'il peut y avoir des intrus.

Villes :
- Lille •
- Nancy •
- Besançon •
- Grenoble •
- Montpellier •
- Bordeaux •
- Nantes •

Journaux :
- *L'Est républicain*
- *La Voix du Nord*
- *Le Dauphiné libéré*
- *Midi libre*
- *Ouest France*
- *Paris Turf*
- *Presse Océan*
- *Sud Ouest*
- *L'Est-Éclair*
- *L'Indépendant*
- *L'Union*
- *L'Yonne républicaine*
- *La Montagne*
- *La Provence*
- *Le Courrier de l'Ouest*
- *Le Courrier picard*
- *Le Parisien*
- *Le Progrès*
- *Le Républicain lorrain*
- *Var matin*

Solutions p. 94

Solutions commentées

Préhistoire et Antiquité

Question 1

a) Paléolithique supérieur : de –35000 à –10000. – b) Mésolithique : de –10000 à –5000. – c) Néolithique : de –5000 à –1800. Observez les préfixes : d'origine latine, *paléo* signifie « ancien », *méso* signifie « milieu » et *néo* signifie « nouveau ».

Question 2

Paléolithique moyen : acheuléen, moustérien. – Paléolithique supérieur : magdalénien, périgordien, solutréen.
Les noms de ces profils culturels sont inspirés des lieux d'où ils sont issus : *solutréen* vient de Solutré en Saône-et-Loire, *magdalénien* des cavernes de la Madeleine en Dordogne, *moustérien* des vestiges du Moutier, *acheuléen* de Saint-Acheul dans la Somme, etc.

Question 3

Âge du bronze : incinération des défunts, épées « à langue de carpe », haches à douille. – Âge du fer : arrivée des Celtes, défunt enterré avec son char.
Ces deux civilisations marquent un tournant essentiel, une période de transition qu'on appelle la « protohistoire ».

Question 4

a. 3 ; b. 1 ; c. 4 ; d. 2.

Question 5

Réponses b), c), e), f).
La découverte a lieu le 12 septembre exactement, puis l'exploration se précise et la nouvelle se répand comme une traînée de poudre : l'abbé Breuil, sommité de l'archéologie à l'époque, arrive le 21 septembre ; le 27, la grotte est classée monument historique.

Question 6

Réponses a), b), e), f) et g).
On y trouve un bestiaire impressionnant, des créatures parfois longues de plus de 5 mètres.

Question 7

Réponses a), b) et f).
On a donné à ces périodes le nom d'affluents du Danube. Entre –2000000 et –10000 ans, les températures descendent parfois jusqu'à –80 °C.

Question 8

Réponses a), b) et d).
On ne compte pas moins de 2 934 menhirs à Carnac. Les autres lieux cités possèdent également des mégalithes.

Question 9

a) Intervention de Rome à l'appel de Marseille : –154. – b) Rome bat les Allobroges et les Arvernes du roi Bituit : –121. – c) Fondation de Narbonne : –118. On peut dire que la conquête de la Gaule a véritablement commencé en –125. Le conflit le plus décisif s'est déroulé entre –58 et –51 ; Jules César l'a appelé « guerre des Gaules » (dans son ouvrage du même nom).

Question 10

Réponses a), b), d) et f).
La Gaule est l'une des provinces les plus riches de l'Empire romain et ses habitants sont de bons agriculteurs : ils utilisent des moissonneuses, pratiquent le chaulage (ou marnage).

Question 11

Lutecia : Paris – Lugdunum : Lyon – Massalia : Marseille – Burdigala : Bordeaux – Divodurum : Metz – Cénabum : Orléans – Caesarodunum : Tours – Condate : Rennes.
Lugdunum, *alias* Lyon, est devenue la capitale des Trois Gaules en –16. Si les deux noms se ressemblent fort, ce n'est pas le cas de Lutecia et Paris. Les Parisii sont une tribu celte qui s'installe sur l'île de la Cité au IIIe siècle av. J.-C. À l'époque romaine, la ville, comme de nombreuses agglomérations de Gaule, a progressivement pris le nom de la population dont elle était le centre administratif et commercial.

Question 12

Narbonnaise : Antipolis (Antibes), Arausio (Orange), Arelatae (Arles), Massalia (Marseille). – Belgique : Augusta Treverorum (Trèves), Durocortorum (Reims), Vesontio (Besançon). – Aquitaine : Burdigala (Bordeaux), Segodunum (Rodez), Vesunna (Périgueux). – Lyonnaise : Bibracte (Autun).

Question 13

Jules César : Vercingétorix – Fabius : Bituit – Aetius : Attila – Silius : Sacrovir.
Fabius le Romain a vaincu Bituit l'Arverne en –121. Dans la foulée, les Romains fondèrent leur première colonie en Gaule : Narbonne, plus connue à l'époque sous le nom de Narbo Martius.

Question 14

a. 3 ; b. 1 ; c. 2 ; d. 4.
Les villes de France regorgent de monuments de l'époque gallo-romaine, en particulier dans le Sud.

Question 15

Réponses a), b) et e).
La Gaule, zone riche, excite l'appétit des envahisseurs !

Question 16

Divona : Déesse des sources sacrées – Épona : Déesse des cavaliers – Grannos : Dieu solaire – Nerios : Dieu des sources jaillissantes. Le panthéon gaulois compte près de 500 dieux et déesses.

La France **médiévale**

Question 1
Mérovingiens : Charles Martel, Dagobert Ier, Clovis Ier. – Carolingiens : Charlemagne, Pépin le Bref. – Capétiens : Hugues Capet, Philippe Auguste, Saint Louis.
Dagobert Ier devient roi des Francs en 629. Il gouverne personnellement une dizaine d'années entouré de conseillers parmi lesquels Éloi (évêque de Noyon), immortalisé par la célèbre chanson.

Question 2
a) Clovis : 481. – b) Charlemagne : 771. – c) Hugues Capet : 987. – d) Philippe Auguste : 1180. – e) Philippe le Bel : 1285. – f) Louis IX : 1461.
Hugues Capet a été le premier roi de la dynastie des Capétiens.
Louis IX, dit « Saint Louis », est sacré roi à l'âge de 12 ans. Sa mère, Blanche de Castille, assure la régence pendant quelques années.

Question 3
Philippe III le Hardi – Philippe IV le Bel – Louis X le Hutin – Charles V le Sage – Charles II le Chauve – Louis V le Fainéant – Louis VI le Gros – Louis VII le Jeune.
Louis V le Fainéant est le dernier roi carolingien. Il meurt en 987, après un an seulement de règne, sans laisser de descendance.

Question 4
Clovis et Clothilde – Pépin le Bref et Berthe au grand pied – Louis VII et Aliénor d'Aquitaine – Charles IV et Isabeau de Bavière. Louis VII répudie Aliénor en 1152, faute d'héritier. Celle-ci épouse deux mois plus tard Henri Plantagenêt, futur roi d'Angleterre.

Question 5
Réponses a), b) et e)
En 843, les trois fils de Louis Ier le Pieux signent un traité attribuant à chacun d'entre eux une partie de l'Empire. Charles le Chauve hérite de la *Francia occidentalis* future France.

Question 6
a) l'abeillage : le miel. – b) l'éminage : les grains. – c) l'afforage : la boisson. – d) la gabelle : le sel.
La gabelle est une taxe sur le sel instituée par Saint Louis. Elle a été abolie en 1790.

Question 7
Début de la guerre de Cent Ans : 1337. – Défaite française lors de la bataille de Crécy : 1346. – Les bourgeois de Calais livrent la ville à Édouard III : 1347. – Jean le Bon, roi de France, est fait prisonnier : 1356. – Création du franc d'or : 1360. – Duguesclin devient chef de l'armée royale française : 1370. – Début de la guerre civile entre Armagnacs et Bourguignons : 1407. – Défaite de la France lors de la bataille d'Azincourt : 1415. – Jeanne d'Arc libère Orléans : 1429.
En 1435, le traité d'Arras met fin au conflit qui oppose les Armagnacs et les Bourguignons. Ce traité reconnaît l'indépendance de la Bourgogne.

Question 8
Poitiers : les Francs et les Arabes. – Azincourt : les Français et les Anglais. – Bouvines : les Français et les Flamands. – Fornoue : les Français et les Italiens.
La bataille de Bouvines a eu lieu le 27 juillet 1214. La victoire de Philippe Auguste, roi de France, y a été éclatante.

Question 9
Urbain II : première croisade. – Eugène III : deuxième croisade. – Innocent III : quatrième croisade. La troisième croisade (1189-1192) permit la reprise d'un certain nombre de ports de Terre sainte.

Question 10
Réponses a), d), e) et f). Les chevaliers sont des guerriers professionnels à cheval. Ils dépendent d'un seigneur et maintiennent l'ordre parmi la population.

Question 11
Réponses b), d) et f).
Le licou est une pièce de harnais que l'on fixe autour du cou des animaux pour les guider sans risquer de les blesser.

Question 12
Réponses : tous ! Le psaltérion est une sorte de cithare.

Question 13
Réponses : a) 4. – b) 2. – c) 3. – d) 1.
Les meurtrières permettent de lancer des projectiles sur les assaillants d'un château fort tout en restant protégé.

Question 14
Romanes : Verdun, Saint-Lizier, Périgueux. – Gothiques : Amiens, Chartres, Reims, Soissons.
L'architecture gothique apparaît en France au XIIe siècle. Elle s'impose en Europe jusqu'au milieu du XVIe siècle.

Question 15
a) 3. – b) 4. – c) 2. – d) 1.
Édifié à partir de 1335, le Palais des papes est le plus grand palais gothique du monde. Il a été le siège de la chrétienté occidentale.

Rois et révolutions

Question 1

a. 3 ; b. 2 ; c. 1

Question 2

François Ier : Louise de Savoie
Henri II : Claude de France
Henri III : Catherine de Médicis
Henri IV : Jeanne III d'Albret
Louis XIII : Marie de Médicis
Louis XIV : Anne d'Autriche
Louis XV : Marie-Adélaïde de Savoie
Louis XVI : Marie-Josèphe de Saxe
Anne d'Autriche a été régente pendant la minorité de son fils, futur Roi-Soleil.
Catherine de Médicis a été l'instigatrice du massacre de la Saint-Barthélemy.

Question 3

Réponses a), c), d) et f).
La paix instaurée par ce traité a été de bien courte durée : le massacre de la Saint-Barthélemy y met un terme deux ans plus tard.

Question 4

Réponses a), b), c) et f).
La dernière exécution publique en France est celle du meurtrier Eugène Weidmann en 1939.

Question 5

Henri IV : Gabrielle d'Estrées, Henriette d'Entragues, Charlotte des Essarts.
Louis XIV : Louise de La Vallière, madame de Montespan, Marie Angélique de Fontanges.
François Ier : Anne de Pisseleu, comtesse de Thoury, Françoise de Foix.
Ces trois rois ont eu de nombreuses maîtresses.

Question 6

Déclaration des Droits de l'Homme et du Citoyen : 26 août 1789.
Le peuple envahit les Tuileries et coiffe le roi du bonnet rouge : 20 juin 1792.
Mort de Robespierre : 28 juillet 1794.
Le roi convoque les États généraux : 5 mai 1789.
Serment du Jeu de Paume : 20 juin 1789.
Les biens de l'Église sont confisqués : 2 novembre 1792.
Les États généraux, c'est-à-dire l'assemblée des trois ordres, se réunissent en mai 1789 mais cela n'aboutit à rien : les questions essentielles ne sont même pas abordées !
La mort de Robespierre marque la fin de la Convention montagnarde et du régime de Terreur. La bourgeoisie républicaine instaure un nouveau régime : le Directoire.

Question 7

« L'État, c'est moi. » : Louis XIV
« Paris vaut bien une messe. » : Henri IV
« Une cour sans femmes, c'est comme un jardin sans fleurs. » : François Ier
« De l'audace, encore de l'audace, toujours de l'audace. » : Danton
« Qu'au moins, il me laisse mourir tranquille. » : Colbert
« Qu'il est grand, plus grand encore mort que vivant ! » : Henri III
« Après nous le déluge ! » : madame de Pompadour
« Tuez-les, mais tuez-les tous pour qu'il n'en reste pas un pour me le reprocher. » : Charles IX
Sur son lit de mort, Louis XIV dit le contraire : « Je m'en vais, mais l'État demeurera toujours. »
Cette phrase, Charles IX l'a prononcée avant le massacre de la Saint-Barthélemy.
Colbert quant à lui parle de Louis XIV, alors qu'il est sur son lit de mort.

Le XIXe siècle

Question 1

Premier Empire : J.-B. Bernadotte, Jean Lannes, P.C. Silvestre de Villeneuve
Restauration : duc de Berry, Élie Decazes, Armand de Richelieu
Monarchie de Juillet : Casimir Perier, comte de Chambord, Jacques Laffitte
Second Empire : comte Walewski, général Espinasse, maréchal Bazaine
Armand de Richelieu, descendant du cardinal, a été ministre des Affaires étrangères sous Louis XVIII.
Le comte Walewski, ministre des Affaires étrangères sous Napoléon III, est le fils naturel de Napoléon Ier et de Marie de Walewska.

Question 2

Réponses d), e), f)
Le maréchal Soult est un militaire brillant. Il dirige l'armée de Napoléon lors des batailles d'Austerlitz et d'Iéna.

Question 3

a. 4 ; b. 7 ; c. 2 ; d. 5 ; e. 1 ; f. 3 ; g. 6.
Le palais de l'Élysée est construit à la fin du XVIIIe siècle mais il gagne en notoriété quand Napoléon III s'y installe dans les années 1800. Le bâtiment est ensuite désigné comme résidence officielle du président de la République.
La colonne Vendôme est une colonne de bronze surmontée par une statue de Napoléon Ier. Son fût est recouvert d'une chape coulée avec le bronze de centaines de canons pris aux armées russes et autrichiennes !

Question 4

a) Louis XVIII : 1815
b) Charles X : 1824
c) Louis-Philippe Ier : 1830
Ces trois rois se sont succédé pendant la Restauration et la monarchie de Juillet. L'insurrection parisienne de 1848 met fin à la monarchie en France.

Question 5

« Le peuple est le même partout. Quand on dore ses fers, il ne hait pas la servitude. » : Napoléon Ier
« Pour gouverner les Français, il faut des paroles violentes et des actes modérés. » : Léon Gambetta
« Le roi n'administre pas, ne gouverne pas, il règne. » : Adolphe Thiers
« En politique il faut guérir les maux, jamais les venger. » : Napoléon III
Léon Gambetta est président du Conseil et ministre des Affaires étrangères sous la IIIe République.

Question 6

Cadoudal : Napoléon Ier – Orsini : Napoléon III – Fieschi : Louis-Philippe Ier – Sante Caserio : Sadi Carnot.
Sadi Carnot est le seul homme de cette liste à avoir succombé à son attentat. Quant à Louis-Philippe Ier, il a échappé à une dizaine de tentatives d'assassinat au cours de sa vie !

Question 7

a) Adolphe Thiers : 1871 – b) Sadi Carnot : 1887 – c) Félix Faure : 1895.
Tous ces personnages politiques ont été présidents pendant la IIIe République. Adolphe Thiers ouvre la liste des quatorze présidents qui se succèdent jusqu'en... 1940 !

Question 8

Crédit mobilier : 1852 – Crédit lyonnais : 1863 – Société générale : 1864.
De nombreuses banques ont été créées sous le Second Empire et ce grâce à l'influence des théories de l'économiste Claude-Henri de Saint-Simon.

Question 9

Réponses a), c) et d)
L'affaire Dreyfus est la plus importante crise de la IIIe République. Elle divise la France entre les dreyfusards, partisans de la réhabilitation de Dreyfus, et les antidreyfusards, souvent antisémites, qui veulent défendre l'honneur de l'armée.

Question 10

a) le cinéma : 1815 – b) le phonographe : 1824 – c) le téléphone : 1830 – d) l'Obéissante : 1873 – e) la Dion-Bouton : 1894 – f) la Jamais Contente : 1899
Alexander Graham Bell invente le téléphone, Edison le phonographe, et les frères Lumière le cinéma.
L'Obéissante est le premier véhicule routier à vapeur. La Dion-Bouton réussit à parcourir la distance Paris-Rouen à la vitesse de 21 km/h. La Jamais Contente, première voiture électrique, est la première automobile à franchir la vitesse de 100 km/h !

Question 11

Les Trois Glorieuses (1830) : Charles X, François Guizot, Louis-Philippe Ier, Adolphe Thiers. – Le Printemps des peuples (1848) : Alphonse de Lamartine, Louis-Auguste Blanqui, Louis Eugène Cavaignac. – La Commune (1871) : Adolphe Thiers, Louis Charles Delescluze, Louise Michel. Figure de l'anarchisme et du féminisme, Louise Michel est surnommée « la Vierge rouge de la Commune ». Après s'être battue aux côtés des communards, elle est déportée en Nouvelle-Calédonie.

Question 12

a) La révolte des Canuts de Lyon : 1831 – b) Le Printemps des peuples : 1848 – c) La Commune : 1871. Ces trois insurrections populaires marquent un profond bouleversement dans la société française. Elles expriment le soulèvement du peuple face à la bourgeoisie.

Question 13

Les défenseurs : Rimbaud, Verlaine, Hugo. – Les accusateurs : Flaubert, Sand, Zola. On peut être surpris de la déclaration de Zola qui a dit au sujet des communards : « Ceux qui brûlent et qui massacrent ne méritent pas d'autre juge que le coup de fusil d'un soldat »...

Question 14

Thiers : Père-Lachaise. – Hugo : Panthéon. – Baudelaire : cimetière Montparnasse. – Napoléon : Invalides. Aux Invalides, les cendres de Napoléon sont placées dans un sarcophage monumental qui se trouve dans la crypte de la chapelle Saint-Louis.

Question 15

Socialistes : Jean Jaurès, Jules Guesde, Jules Vallès. – Républicains : Georges Clemenceau, Jules Ferry, Léon Gambetta. Jules Ferry ne connaît pas la popularité de son vivant, il meurt même détesté de tous. Pourtant, il est aujourd'hui le symbole de la scolarité gratuite et obligatoire.

Le XXe siècle

Question 1

a) Déclaration de guerre de l'Allemagne à la France : 3 août 1914. – b) Entrée en guerre des États-Unis : 2 avril 1917. – c) Armistice : 11 novembre 1918.
L'armistice du 11 novembre 1918 a été signé par le maréchal Foch dans un wagon de la Société des wagons-lits, dans la clairière de Rethondes.
C'est également dans ce wagon qu'est signé l'armistice en 1940 entre l'Allemagne et la France.

Question 2

Réponses c) et d).
La « guerre de positions » marque les années 1915 à 1917. C'est une guerre terrestre durant laquelle les soldats se battent dans des tranchées. La première et la deuxième bataille de la Marne sont des contre-offensives pour stopper les attaques allemandes : elles font donc partie de la « guerre de mouvement », de même que la course à la mer, au cours de laquelle les deux armées cherchent à se contourner l'une l'autre.

Question 3

IIIe République : Barthou, Monis, Rouvier. – IVe République : Queuille, Laniel, Meyer. – Ve République : Chaban-Delmas, Couve de Murville, Debré.
Pas facile de s'y retrouver ! La IIIe et la IVe République se caractérisent en effet par une forte instabilité politique et voient défiler les présidents du Conseil à un rythme soutenu…

Question 4

Aristide Briand : séparation de l'Église et de l'État. – Georges Clemenceau : signature du traité de Versailles. Le traité de Versailles met fin à la Première Guerre mondiale. Il est signé le 28 juin 1919 dans la galerie des Glaces du château de Versailles. – Léon Blum : participation au congrès de Tours. – Raymond Poincaré : remplacement du franc Germinal. – Jean Chiappe : manifestation du 6 février 1934. – Léo Lagrange : Front populaire. Nommé sous-secrétaire d'État aux Sports et à l'Organisation des loisirs en 1936, Léo Lagrange favorise la démocratisation de ces derniers : « […] Nous voulons que l'ouvrier, le paysan et le chômeur trouvent dans le loisir la joie de vivre et le sens de leur dignité » (discours du 10 juin 1936). – Maréchal Lyautey : Exposition coloniale de 1931. – Édouard Daladier : accords de Munich.

Question 5

a) Vuillemin et Dagnaud gagnent le lac Tchad puis Dakar : 1920. – b) Bernard pose son hydravion à Madagascar : 1926. – c) Première traversée Paris-New York sans escale : 1930.
L'appareil de Costes et de Bellonte, baptisé *Point d'interrogation*, décolle du Bourget et atteint New York au terme d'un voyage de plus de 37 heures !

Question 6

a) « Appel » du général de Gaulle : 18 juin 1940. – b) Débarquement allié en Normandie : 6 juin 1944. – c) Libération de Paris : 25 août 1944.
Les ordres d'Hitler prévoient la destruction des monuments parisiens, mais ils ne sont pas appliqués par le général von Choltitz, gouverneur militaire de la garnison de Paris.

Question 7

Zone occupée : Paris, Lille, Brest. – Zone libre : Montpellier, Toulouse, Vichy. De 1940 à 1942, la France est coupée en deux par une « ligne de démarcation » qui sépare une zone occupée par les Allemands au nord et une zone « libre » au sud. En novembre 1942, la zone libre est à son tour occupée…

Question 8

Aragon : « La rose et le réséda ». – Éluard : « Liberté ». – Desnos : « Le veilleur du Pont-au-Change ». – Char : « Feuillets d'hypnos ».
« Et par le pouvoir d'un mot/Je recommence ma vie/ Je suis né pour te connaître/Pour te nommer/ Liberté » (Derniers vers de « Liberté » de Paul Éluard).

Question 9

Résistants : Bingen, Moulin, Brossolette. – Collaborateurs : Bousquet, Brasillach, Laval.
René Bousquet (1909-1993) est secrétaire général de la police de Vichy d'avril 1942 à décembre 1943.

Question 10

Guerre d'Algérie : accords d'Évian, attentat du Petit-Clamart, Toussaint rouge. – Guerre d'Indochine : accords de Genève, défaite de Diên Biên Phu, Thierry d'Argenlieu.
La guerre d'Algérie se déroule de 1954 à 1962, la guerre d'Indochine de 1946 à 1954.

Question 11

Réponses a), c) et e). Monument de Paris, le Panthéon abrite les tombeaux des hommes illustres.

Question 12

1. SORBONNE – 2. BARRICADES – 3. GRENELLE – 4. SAUVAGEOT –5. POMPIDOU – 6. LATIN – NANTERRE.

Question 13

a) 4. – b) 3. – c) 1. – d) 2.
Successeur du général de Gaulle à la présidence de la République, Georges Pompidou était un passionné d'art moderne.

Question 14

Le scooter : 1902. – Le tube au néon : 1909. – Les quatre roues motrices : 1926. – Le sonar : 1915. – La première voiture à traction avant : 1934. – Le stylo Bic : 1953.
Le célèbre stylo doit son nom au fondateur du groupe « Bic », l'industriel Marcel Bich.

Le puzzle **français**

Question 1

Nord : 12 414 km^2 – Picardie : 19 399 km^2 – Champagne-Ardenne : 25 606 km^2 – Limousin : 16 942 km^2 – Auvergne : 26 013 km^2 – Centre : 39 151 km^2.
Avec 12 012 km^2, l'Île-de-France est presque *ex-aequo* avec le Nord.
Au classement national, le Centre arrive en 5e position, l'Auvergne en 11e position et le Limousin en 17e position.

Question 2

Centre : Eure-et-Loir, Loir-et-Cher, Indre-et-Loir, Indre, Cher et Loiret.
Limousin : Corrèze, Creuse, Haute-Vienne.
Auvergne : Allier, Puy-de-Dôme, Haute-Loire, Cantal.

Question 3

Haute-Vienne : 87 – Allier : 03 – Côte-d'Or : 21 – Puy-de-Dôme : 63. – Guadeloupe : 971 – Martinique : 972 – Guyane : 973 – Réunion : 974. La Polynésie-Française, la Nouvelle-Calédonie, Saint-Pierre-et-Miquelon et Wallis-et-Futuna sont des collectivités d'outre-mer. Mayotte, quant à elle, est en passe de devenir un département.

Question 4

a) La Picardie compte trois départements : la Somme, l'Aisne, et l'Oise.
b) La Lorraine, quatre départements : la Meuse, les Vosges, la Moselle et la Meurthe-et-Moselle.
c) La Franche-Comté, quatre départements : la Haute-Saône, le Doubs, le Jura et le territoire de Belfort.
d) La région Rhône-Alpes, huit départements : l'Ain, la Haute-Savoie, la Savoie, l'Isère, la Drôme, l'Ardèche, la Loire, et le Rhône.
e) Le Languedoc-Roussillon, cinq départements : les Pyrénées-Orientales, la Lozère, le Gard, l'Hérault et l'Aude.
f) L'Aquitaine, cinq départements : la Gironde, la Dordogne, le Lot-et-Garonne, les Landes et les Pyrénées-Atlantiques.
g) Le Poitou-Charentes, quatre départements : les Deux-Sèvres, la Vienne, la Charente et la Charente-Maritime.
h) La Bourgogne, quatre départements : l'Yonne, la Nièvre, la Côte-d'Or et la Saône-et-Loire.

Question 5

Haut-Rhin : 3 525 km^2 – Meurthe-et-Moselle : 5 241 km^2 – Moselle : 6 216 km^2 – Martinique : 1 100 km^2 – Réunion : 2 511 km^2 – Guyane : 91 000 km^2.
Vous reconnaîtrez facilement la Meurthe-et-Moselle ; entre la Meuse, à l'ouest, et la Moselle, à l'est, elle ressemble à une oie avec son long cou.
La Guyane est la plus grande région française.

Question 6

a) Préfecture des Yvelines : Versailles. – b) Préfecture de l'Essonne : Évry – c) Préfecture de la Seine-et-Marne : Melun – d) Préfecture des Hauts-de-Seine : Nanterre – e) Préfecture de la Seine-Saint-Denis : Bobigny – f) Préfecture du Val-de-Marne : Créteil – g) Préfecture d'Île-de-France : Paris – h) Préfecture du Cher : Blois – i) Préfecture de l'Yonne : Auxerre – j) Préfecture du Cantal : Aurillac – k) Préfecture de la Corrèze : Tulle – l) Préfecture de l'Allier : Moulins – m) Préfecture de la Nièvre : Nevers – n) Préfecture de la Saône-et-Loire : Mâcon.

Question 7

Réponse e).
Le Jura fait partie de la Franche-Comté, une région voisine de la Lorraine.

Question 8

a) La Franche-Comté partage 230 km de frontière avec la Suisse. – b) La région PACA est frontalière de l'Italie. Les Alpes constituent une frontière naturelle entre les deux pays. – c) et d) Le Languedoc-Roussillon et la région Midi-Pyrénées touchent l'Espagne, mais vous pouviez aussi répondre Andorre qui partage 56 km de frontière avec la France. – e) Vous pouviez répondre le Brésil ou le Suriname. Notez que la frontière avec le Brésil est la plus longue frontière que la France ait avec un voisin : plus de 700 km ! – f) L'Aquitaine est frontalière avec l'Espagne ; dernière ville avant la frontière : Hendaye !

Question 9

Réponse a).
Dijon est en effet la capitale régionale de la Bourgogne.

Question 10

Réponse b).
Cette ville abrite plus de 17 000 Vésuliens et Vésuliennes.

Question 11

a) Ajaccio : Corse-du-Sud. – b) Bastia : Haute-Corse. – c) Bonifacio : Corse-du-Sud. – d) Calvi : Haute-Corse. – e) Corte : Haute-Corse. – f) Porto-Vecchio : Corse-du-Sud. – g) Sartène : Corse-du-Sud.
La division de la Corse en deux départements (le Golo et le Liamone) date de 1793. La Corse redevint monodépartementale en 1811 puis fut de nouveau divisée en deux départements (la Haute-Corse et la Corse-du-Sud) en 1976.

Question 12

Réponse b).
L'île Sainte-Marguerite fait partie de l'archipel des îles de Lérins, situé au large de Cannes.

Question 13

Languedoc-Roussillon : réponses a), b) et e). – Poitou-Charentes : réponses g), j), k) et l). Il faut y ajouter le Centre, la quatrième région limitrophe du Poitou-Charentes.

Question 14

Réponse e)
Trélazé est une commune limitrophe de la ville d'Angers.

Question 15

Nantes : Cardiff (Pays de galles) – Rennes : Louvain (Belgique) – Angers : Bamako (Mali) – Caen : Wurtzbourg (Allemagne). Ces jumelages existent depuis plus de trente ans.

Question 16

a) Guadeloupe : océan Atlantique. – b) Guyane : océan Atlantique. – c) Réunion : océan Indien. – d) Martinique : océan Atlantique. – e) Mayotte : océan Indien. – f) Nouvelle-Calédonie : océan Pacifique. – g) Polynésie-Française : océan Pacifique. h) Wallis-et-Futuna : océan Pacifique.
Plus précisément, les départements de la Guadeloupe et de la Martinique se situent dans la mer des Caraïbes.

Question 17

Réponse d)
Sainte-Lucie est une île au sud de la Martinique ; c'est un état indépendant, membre du Commonwealth.

Question 18

Réponse b)
Ce sont l'archipel de la Société, l'archipel des Tuamotu, celui des Marquises, des Australes et des Gambier.

Question 19

Réponse e)
Bora-Bora fait partie des îles Sous-le-Vent, du même archipel.

Question 20

Il s'agit de Nicolas Desforges. Nommé par décret du président de la République, il est préfet de la région Guadeloupe, préfet de la Guadeloupe et représentant de l'État dans les collectivités de Saint-Barthélemy et Saint-Martin.

La France au fil de l'eau

Question 1

Réponse c)
Les méandres de la Seine ne vont pas jusqu'à Dijon... La ville est traversée par le canal de Bourgogne.

Question 2

La Somme : 245 km. – L'Oise : 302 km. – La Marne : 525 km. – L'Ain : 195 km. – Le Doubs : 453 km. – La Saône : 480 km.
Le Doubs est un affluent de la Saône mais son débit est plus important.
Seule la Somme se jette dans la mer. L'Oise et la Marne sont des affluents de la Seine.

Question 3

Réponses a) 2. – b) 3. – c) 4. – d) 1.
La réserve naturelle de la baie de Somme est un estuaire où plus de 300 espèces d'oiseaux vivent, nidifient ou font halte.

Question 4

C'est la Somme. 245 km plus loin, elle se jette dans la Manche.

Question 5

Réponses a), c) et d)
C'est sur le plateau de Langres, en Haute-Marne, que la Meuse prend sa source.

Question 6

Réponse b)
On doit aussi découvrir Bussang pour son théâtre du Peuple, un théâtre en bois dont l'arrière-scène s'ouvre sur la forêt vosgienne.

Question 7

Le lac de Gérardmer : 116 ha. – Le lac de Pierre-Percée : 304 ha. – Le lac de Madine : 1 100 ha. – Le lac de Biscarosse : 3 345 ha. – Le lac de Cazaux-Sanguinet : 5 800 ha. – Le lac de Carcans-Hourtin-Maubuisson : 6 000 ha.
Le lac de Géradmer se trouve dans les Vosges, le lac de Pierre-Percée en Meurthe-et-Moselle et le lac de Madine en Meuse. Le lac de Carcans-Hourtin-Maubuisson est le plus grand lac de France.

Question 8

Réponse e)
Le Doubs traverse toutes ces communes, mais prend sa source à Mouthe.

Question 9

Réponse c)
La Durance est une rivière du sud-est de la France.

Question 10

Toutes ! Elles sont le résultat des mouvements de sable qui suivent la marée.

Question 11

France : île de Batz, île de Bréhat, îles de Chausey. – Royaume-Uni : île d'Aurigny, île de Guernesey, île de Jersey, île de Sercq. L'archipel des îles anglo-normandes comprend aussi les îles d'Herm, de Jéthou, de Brecqhou et de Burhou, peu ou pas habitées.

Question 12

Le lac du Bourget : Savoie. – L'étang de Berre : Bouches-du-Rhône. – Le lac de Capitello : Haute-Corse. Le lac de Capitello se situe à 1 975 m d'altitude et ses eaux sont très profondes.

Question 13

Réponse c)
L'Eyre, qu'on appelle aussi la Leyre, prend sa source au sud des Landes de Gascogne et va se jeter dans le bassin d'Arcachon.

Question 14

L'île d'Ouessant : 15 km^2. – L'île d'Yeu : 23 km^2. – Belle-Île : 90 km^2. Belle-Île est la plus grande des îles bretonnes.

Question 15

Réponse c)
Le Mans se situe au nord de la Loire. Il est traversé par l'Huisne et la Sarthe.

Question 16

Réponse e)
L'Allier prend sa source dans les Cévennes en Lozère. Elle traverse ensuite l'Ardèche, la Haute-Loire, le Puy-de-Dôme, l'Allier, le Cher et la Nièvre où elle se jette dans la Loire.

Question 17

Réponse a)
Cette appellation est due à un ensoleillement annuel exceptionnel (2 400 heures par an), comparable à celui du sud-est de la France.

Question 18

Réponses a), c), d), e) et f)
L'Indre est un affluent de la Loire.

Question 19

Réponses a), b) et c)
La mer d'Iroise est une aire marine située à l'extrémité du Finistère. Elle est le premier parc naturel marin français.

Question 20

Réponses b), c) et e)
La Loire se jette dans l'océan Atlantique, près de Saint-Nazaire, le Rhône, dans la Méditerranée et la Seine, dans la Manche, près du Havre.

Plaines, rivages et sommets

Question 1

Le ballon d'Alsace : 1 247 m. – Le Hohneck : 1 363 m. – Le Grand Ballon : 1 424 m. Le Grand Ballon est le plus haut sommet du massif vosgien. On l'appelle aussi le ballon de Guebwiller.

Question 2

a) 1. – b) 4. – c) 3. – d) 2.
Les bouquetins sont des animaux de haute montagne. En été, ils vivent à plus de 2 000 m d'altitude, dans des zones rocheuses difficilement accessibles.

Question 3

Béziers : 53 m. – Albi : 169 m. – Foix : 474 m.
Rappelez-vous, Béziers est à quelques kilomètres de la mer, Foix est au pied des Pyrénées.

Question 4

Réponses a), b), d) et e)
Le sommet le plus élevé de cette série est le dôme du Goûter à 4 304 m. Le plus haut sommet du massif, le mont Blanc lui-même, atteint 4 810 m.

Question 5

La montagne Pelée : Martinique. – La Soufrière : Guadeloupe. – le Piton de La Fournaise : La Réunion. – L'Orohena : Tahiti.
Le piton de la Fournaise est l'un des volcans les plus actifs du monde. On compte au moins une éruption par an.

Question 6

Le Mont d'Or : 1 463 m. – Le crêt Pela : 1 495 m. – Le crêt de la Neige : 1 720 m.
Le crêt de la Neige est le plus haut des sommets du Jura. D'autres sommets importants, comme le mont Tendre (1 679 m), le Chasseron (1 607 m) se trouvent en Suisse.

Question 7

Réponses d), e) et f)
Vittel, Luxeuil et Plombières sont des stations thermales des Vosges.

Question 8

Le Puy de la Vache : 1 167 m. – Le Puy de Côme : 1 253 m. – Le Puy de Dôme : 1 468 m.
Le Puy de Dôme est le point culminant de la chaîne des Puys. Les volcans d'Auvergne sont en effet des volcans monogéniques, qui ont été créés au cours d'une unique éruption.

Question 9

Le pic de Saint-Barthélemy : 2 348 m. – Le mont Canigou : 2 785 m. – Le pic du Marboré : 3 248 m. Le plus haut sommet des Pyrénées, le pic d'Aneto, est en Espagne ; il culmine à 3 404 m.

Question 10

Réponses a), b), c) et f)
Plus du tiers des communes bretonnes est situé sur le littoral.

Question 11

Réponse a)
La côte d'Émeraude désigne une partie du littoral breton, au nord de la Bretagne.

Question 12

Réponse c)
La Soufrière, point culminant des Antilles, mesure 1 467 m.

Question 13

Réponse b)
La France présente une grande variété de reliefs, des plaines les plus plates aux montagnes les plus élevées (on y trouve le point culminant du continent).

Question 14

Réponse b)
La ville de Cognac se situe par ailleurs sur les rives de la Charente.

Question 15

Réponse b)
Située dans le Languedoc-Roussillon, la commune de Narbonne englobe dans son territoire la station balnéaire de Narbonne-Plage, à plus de 10 km du centre historique.

Question 16

Réponse a)
À partir du XIXe siècle, cette forêt s'est vu attribuer le nom de « Brocéliande » ; on y a placé alors de nombreux épisodes de la légende du roi Arthur et des chevaliers de la Table ronde.

Question 17

Réponse a)
La montagne Pelée fait partie des neuf volcans actifs de l'arc des petites Antilles et culmine à 1 397 mètres.

Question 18

Réponse a)
Située à 2 300 m d'altitude, la station Val-Thorens est aussi la plus haute d'Europe.

Question 19

Réponse c)
Les puys de Lassolas et de la Vache sont les plus jeunes de cette chaîne de volcans.

Question 20

Réponse a)
Guadeloupe et Martinique appartiennent à l'archipel des Antilles situé dans la mer des Caraïbes.

Question 21

Réponse b)
L'aventure d'Arsène Lupin *L'Aiguille creuse* y fait référence.

Question 22

Réponse b)
Jusque dans les années soixante, cette côte était encore infestée de moustiques et très peu fréquentée. Pour répondre à la très forte demande des Français (et des touristes des pays du Nord) voulant prendre leurs vacances au soleil, l'État a entrepris son aménagement en 1963. Il a pris en charge la démoustication, la construction de routes d'accès et de réseaux d'eau potable et la construction de ports de plaisance.

Évolution historique et immigration

Question 1
Réponse a)

Question 2
Réponse a)
En 1792, elle était de 609 000 personnes.

Question 3
Réponse c)
La grande peste causa la mort du tiers à la moitié de la population européenne, soit près de 25 millions de personnes en cinq ans.

Question 4
Réponse b)
Cette épidémie commença en 1720 à cause de négociants qui voulurent absolument vendre des étoffes venant de Syrie, pourtant soupçonnées avant même leur déchargement. Ce sont les puces qui se trouvaient dans les tissus qui contaminèrent la population.

Question 5
Réponse a)
La France est alors le pays le plus peuplé d'Europe, avant même la Russie.

Question 6
Réponse b)
Louis XIV régnait sur la France et il aggrava la misère du peuple en promulguant un nouvel impôt en 1695, la capitation.

Question 7
Réponse b)
Sur 100 naissances, 25 personnes n'atteignaient pas l'âge de 20 ans, 25 également disparaissaient entre 20 et 45 ans. Seule une dizaine atteignait 70 ans.

Question 8
Réponse b)
Cette baisse s'est poursuivie jusqu'à la Seconde Guerre mondiale.

Question 9
Réponse b)
Il y eut 885 200 naissances en France en 1900. Ce nombre est comparable aux naissances d'aujourd'hui alors que la population était beaucoup moins nombreuse (environ 39 millions).

Question 10
Réponse b)
Il y eut 384 700 naissances en 1916. La plupart des hommes en âge d'engendrer étaient soldats ou décédés après les lourdes pertes de l'armée française.

Question 11
Réponse c)
Ce chiffre traduit une reprise forte de la natalité après la fin de la guerre.

Question 12
Réponse b)
Les immigrés ont fourni une main-d'œuvre indispensable à une époque où la démographie stagnait.

Question 13
Réponse c)
Les jacobites étaient des royalistes anglais, irlandais et écossais qui soutenaient la dynastie déchue des Stuart. Après le coup d'État qui détrôna Jacques II d'Angleterre et Jacques VII d'Écosse en 1685, certains de ses partisans vinrent se réfugier en France et en particulier à Nantes.

Question 14
Réponse a)
Dans les années vingt, environ 400 000 Russes émigrèrent vers la France (dont un quart de militaires), poussés par l'Armée rouge. Les Russes blancs furent nombreux à se fixer à Paris.

Question 15
Réponse b)
Les hommes d'origine algérienne sont plus nombreux (5 821) à épouser une femme française, que les femmes algériennes à épouser un homme français (2 331).

Question 16
Réponse c)
Les vendanges sont assurées par des saisonniers polonais. Les Marocains sont plutôt embauchés dans les travaux multiagricoles.

Question 17
Réponse b)
Ce sont les Africains qui arrivent en tête des demandes d'asile conventionnel (crainte de persécutions). Ils étaient 18 468 en 2003.

Démographie

Question 1
Réponse c)
La France métropolitaine compte 62 448 977 habitants.

Question 2
France : 64 millions d'habitants. – Allemagne : 82 millions d'habitants. – Espagne : 45 millions d'habitants. – Italie : 59 millions d'habitants.

Question 3
Île-de-France : 1. – Rhône-Alpes : 2. – PACA : 3. – Nord-Pas-de-Calais : 4. – Pays de la Loire : 5. – Aquitaine : 6.

Question 4
Réponse b)
Seule la région Champagne-Ardenne a vu sa population baisser de 0,05 %. À l'opposé, le Languedoc-Roussillon a vu sa population augmenter de 1,36 %.

Question 5
Réponse c)
En France on compte aujourd'hui 51,4 % de femmes et 48,6 % d'hommes.

Question 6
Réponse b)
L'espérance de vie des hommes en France en 2008 est de 77,5 ans. Elle ne cesse d'augmenter.

Question 7
Réponse c)
L'espérance de vie des femmes en France est de 84,3 ans. Après avoir beaucoup augmenté, elle commence à diminuer. Elle était de 84,4 ans en 2007.

Question 8
Réponse b)
L'indice de fécondité de la France est, d'après l'Insee, passé de 1,98 en 2007 à 2,02 en 2008. Il s'agit de données provisoires qui sont généralement revues à la baisse ensuite.

Question 9
Réponse b)
L'âge moyen des mères, quel que soit le rang de naissance, est de 29,9 ans.

Question 10
Réponse b)

Question 11
Réponse c)
Le pourcentage d'enfants nés hors mariage en 2008 est de 52 %, soit 10 % de plus qu'il y a dix ans.

Question 12
Réponse b)
Le nombre de Pactes civils de solidarité est d'environ 530 000. Entre 2007 et 2008, l'augmentation a été de près de 40 %.

Question 13
Réponse b)
Le taux de dissolution est d'environ 13 %. Il reste assez constant chaque année.

Question 14
Réponse c)
Le taux de mortalité infantile est de 3,8 pour mille. Ce taux est un des plus bas d'Europe. La Suède fait mieux avec un taux de 2,75.

Question 15
Réponse a)

Question 16
Réponse a)
Le nombre de personnes âgées augmente.

Question 17
Réponse a)
Le taux de divorce atteint 30,2 % chez les couples mariés depuis 4 ans. Il est de 27,1 à 3 ans, 26,9 à 5 ans et décroît ensuite régulièrement.

Question 18
Réponse b)
Le nombre d'IVG annuelles se situe autour de 211 000.

Répartition, aspects socio-économiques

Question 1

Réponse a)

Contrairement aux décennies précédentes où les périphéries urbaines voyaient leur population augmenter plus que le reste du territoire, toutes les zones bénéficient aujourd'hui d'une moyenne de 0,7 % d'augmentation par an.

Question 2

C'est le Limousin avec 379 025 habitants en 2007.

Question 3

Réponse c)

C'est la région Rhône-Alpes avec 3 115 866 habitants (Provence-Alpes-Côte d'Azur : 2 540 072, Nord-Pas-de-Calais : 2 083 744).

Question 4

Réponses b) et e)

La Seine-Saint-Denis et le Val-d'Oise (suivis de près par l'Essonne) sont les deux premiers départements d'Île-de-France en matière de fécondité.

Question 5

Réponse c)

La Réunion recense 407 617 habitants, la Martinique, 213 643 et la Guadeloupe, 213 580.

Question 6

n° 1 : Charente-Maritime (604 000 habitants). – n° 2 : Vienne (421 000). – n° 3 : Deux-Sèvres (361 500). – n° 4 : Charente (347 500).

Question 7

Réponse b)

Nord : 2 566 000 habitants. – Bouches-du-Rhône : 1 951 500. – Hauts-de-Seine : 1 551 500.

Question 8

Réponse b)

Toulouse est la quatrième ville de France avec plus de 437 000 habitants. Elle est suivie par Nice et par Nantes. Bordeaux n'est que neuvième.

Question 9

Réponse b)

Strasbourg compte 272 975 habitants et Lille, 226 014.

Question 10

Réponse b)

La Seine-et-Marne ne possède aucune ville de plus de 50 000 habitants, mais Meaux a déjà dépassé les 49 000 et Chelles, les 45 000.

Question 11

Nantes : 282 853 habitants.
Montpellier : 251 634 habitants.
Rennes : 209 613 habitants.
Le Havre : 182 580 habitants.
Grenoble : 156 107 habitants.

Question 12

Besançon : les Bisontins. – Foix : les Fuxéens. – La Roche-sur-Yon : les Yonnais. – Créteil : les Cristoliens. – Fontainebleau : les Bellifontains. – Saint-Brieuc : les Briochins.

Question 13

Réponse c)

Selon l'Insee, le temps de travail des professions indépendantes était de 56 heures et 50 minutes par semaine.

Question 14

Réponse a)

Ce taux est bas. Il est par exemple de 72 % au Royaume-Uni et de 76 % au Danemark.

Question 15

Réponse a)

L'OMS a classé la France au premier rang (densité de médecins et de lits d'hôpitaux, rapidité de la prise en charge, guérison des maladies graves…).

Question 16

Réponse a)

Le taux de mortalité est plus élevé chez les personnes vivant seules.

Question 17

Réponse b)

C'est le cancer qui est la première cause de mortalité entre 45 et 64 ans. Avant, ce sont les accidents et les suicides, après, les maladies cardio-vasculaires.

Question 18

Réponse c)

Le cancer du poumon a augmenté de 21 % entre 1980 et 2004 à cause de l'augmentation de la consommation de tabac chez les femmes.

Question 19

Réponse c)

Entre 1980 et 2004, la mortalité due aux accidents cardio-vasculaires a diminué de 25 %.

Question 20

Réponse a)

Ce sont les comportements à risque qui expliquent cette surmortalité : consommation d'alcool, de drogues, conduite routière dangereuse, plus forte proportion de suicides, etc.

Question 21
Réponse b)
En 2004, on comptait en moyenne six décès de femmes par mois suite à des violences : 10 % battues à mort, 30 % tuées par arme blanche, 30 % par arme à feu, 20 % étranglées.

Question 22
Réponse c)
Bruxelles prévoit 9,8 % de chômeurs en 2009 et 10,6 % en 2010.

Question 23
Réponse c)
Le déficit de la Sécurité sociale prévu pour 2009 serait de 18 milliards d'euros. L'augmentation du chômage réduit les cotisations et donc les recettes de la Sécurité sociale.

Question 24
Réponse a)
La France prévoit 400 000 emplois nouveaux dans le développement des technologies propres et des énergies renouvelables.

Question 25
Réponse a)
Le RSA concerne plus de 3,5 millions de personnes. En France, 8 millions de personnes vivent avec des ressources équivalant à 75 % du SMIC.

Question 26
Réponse c)
En Île-de-France, la chute du nombre de ventes dans l'immobilier a atteint 40 % comparativement au premier semestre 2008.

Question 27
C'est Nicolas Sarkozy, alors président de l'Union européenne, qui a fait cette déclaration le 25 septembre 2008.

Question 28
Allemagne : 5 %. – Autriche : 13 %. – Belgique : 2 %. – Danemark : 10 %. – Espagne : 4 %. – France : 2 %. – Italie : 9 %. – Pays-Bas : 2 %. – Portugal : 7 %. – Royaume-Uni : 4 %.
La France fait partie des pays d'Europe qui ont le moins de surfaces cultivées en bio.

Question 29
Réponses a), b), c), d), e) et f)
Toutes ces entreprises sont au premier rang mondial dans leur spécialité.

Question 30
Réponse a)
La prochaine ligne à grande vitesse reliera Dijon à Mulhouse. L'ouverture est prévue à la fin de l'année 2011.

Aux origines **du français**

Question 1
Réponse a)
Ce poème de vingt-neuf vers constitue la première œuvre littéraire écrite en français. Il raconte le martyre de la jeune chrétienne Eulalie.

Question 2
1539 Robert Estienne, *Dictionaire Francoislatin*. – 1549 : Du Bellay, *La Deffence, et illustration de la langue françoyse*. – 1550 : Louis Meigret, *Tretté de la Grammere francoeze*. – 1580 : Montaigne, *Les Essais*. – 1606 : Jean Nicot, *Thresor de la langue françoyse*. – 1629 : fondation du Collège des trois langues. – 1635 : création de l'Académie française. – 1647 : Vaugelas, *Remarques sur la langue françoise*. – 1670 : Blaise Pascal, *Pensées*. – 1680 : Pierre Richelet, *Dictionnaire françois*.
Le *Dictionaire Francoislatin* de Robert Estienne est le premier ouvrage avec une nomenclature en français, et celui qui porte pour la première fois le nom de « dictionnaire » (avec un seul *n*).

Question 3
Réponse b)
Même si la République n'a finalement pas anéanti les patois, même si cette réforme n'a pas été appliquée à la lettre, c'est cependant une politique d'uniformisation linguistique à long terme que programme l'abbé Grégoire, son *Rapport* survenant à un moment où il pouvait être particulièrement entendu. Position jacobine qui, dans le débat contemporain sur les langues régionales, est toujours majoritaire. Cette uniformisation du fait de l'État s'est poursuivie, comme on le sait, et de manière souvent coercitive pour les locuteurs des langues régionales, avec l'école laïque et obligatoire de Jules Ferry au XIXe siècle.

Question 4
Réponse b)
Cette loi impose l'emploi du français dans la rédaction de tout acte public. L'usage d'un autre idiome est interdit, sous peine d'emprisonnement.

Question 5
Réponses b), c) et d).
Chaque commune française de plus de 500 habitants a l'obligation de financer une école de garçons seulement. Guizot avait également pensé à l'instruction des filles, mais sa proposition n'a pas été retenue par les députés. Il faudra attendre l'ordonnance du 23 juin 1836 pour que soit créé pour elles un enseignement primaire. Complétée par l'ordonnance du 26 juillet, la loi Guizot est à l'origine de la création de l'école communale. En dix ans, le nombre des écoles communales augmente d'un tiers : il avoisine les 40 000 en 1843. Les mesures prises font reculer les langues régionales au profit de la langue nationale.

Question 6
Réponse c)
Ils sont tous situés sur une hauteur, ce qui permet de faire l'hypothèse que le mot signifie effectivement « hauteur, colline ». Ce sens se confirme avec l'existence de la forme *cuchon*, qui a survécu dans la région lyonnaise pour désigner une meule, et plus généralement un amoncellement, un tas. Et si l'on s'enhardit jusqu'à considérer que l'origine de cette forme est préceltique, c'est parce qu'on peut l'identifier en sarde (*kukkuru* « hauteur, pointe ») ou en sicilien (*cucca* « tête »), c'est-à-dire dans des régions où les Celtes n'ont jamais résidé, même à l'époque de leur plus grande expansion (d'après Henriette Walter, *D'où vient le français*, supplément au *Nouveau Littré*, Paris, Éditions Garnier, 2005).

Question 7
Mots d'origine gauloise : *bruyère, bief, lande, chemin, pièce* (= morceau), *suie*. – Mots d'origine latine : *as, silex, ami, alun, ail, buis, tête*.
Il nous reste environ cent cinquante mots gaulois. Certains sont très courants, ils concernent essentiellement la vie à la campagne, l'agriculture, la pêche, la chasse.

Question 8
Réponses a), c), e), f) et h)
Parce que la langue latine avait finalement éliminé le gaulois – au plus tard vers le Ve siècle –, on retrouve dans le vocabulaire français d'aujourd'hui une très grande majorité de vocabulaire latin. Il faut cependant distinguer les formes héritées du latin populaire parlé, sujet à des altérations phonétiques et sémantiques parfois considérables, et les formes empruntées tout au long des siècles au latin classique, elles-mêmes très diversifiées. On est ainsi conduit à reconnaître que le latin d'église, celui des savants, celui des juristes, voire celui des amateurs éclairés, créateurs de formes pseudo-latines humoristiques, ont tous laissé des traces dans le lexique français. Seule une petite partie du vocabulaire latin du français a gardé la forme graphique qu'elle avait en latin ; encore moins renvoient à la même notion ou au même référent dans les deux langues. Ainsi, le latin *agenda* « choses à faire » correspond au français *agenda* « carnet de rendez-vous », *prospectus* « action de regarder au loin » à *prospectus* « brochure de publicité » et *pensum* « poids de laine à filer chaque jour » à *pensum* « punition ».

Question 9
Réponses a), b), d) et f)
Vers le Xe siècle, des langues germaniques, parlées par des populations venues du nord, les vikings, ont laissé de maigres traces dans le vocabulaire français. On peut les reconnaître en particulier dans le vocabulaire touchant le monde de la mer. Dans le mot *marsouin*, par exemple, on peut identifier la juxtaposition du nom de la mer (*mar*) et de celui du cochon (*swin*), du vieux-norrois *marswin* « cochon de mer ».

Question 10

Mélano- : noir – *Leuco-* : blanc. – *Chloro-* : vert. – *Éco-* : maison. – *Morpho-* : forme. – *Cyclo-* : cercle. – *Cardio-* : cœur. – *Céphal-* : tête. – *Chiro-* : main. – *Dermo-* : peau. – *Hémo-*, *Hémato-* : sang. Il suffit de connaître une bonne centaine de racines grecques pour comprendre une grande partie du vocabulaire d'origine grecque, et en particulier tous les termes savants forgés en français depuis le XVIe siècle jusqu'à nos jours (d'après Henriette Walter, *op. cit.*).

Question 11

Tous !
L'arabe a souvent servi de truchement pour l'introduction de mots persans.

Question 12

Du quechua : caoutchouc, coca, pampa, puma. – Du nahuatl : avocat, cacahuète, chocolat, tomate. – De l'arawak : canoë, colibri, hamac, maïs, ouragan, savane. Du caraïbe : cannibale, marigot, panama, pirogue. Du tupi-guarani : ananas.
Certains de ces mots ont été si bien adoptés en Europe qu'ils semblent avoir toujours existé dans nos langues : *chocolat*, d'origine nahuatl – la langue des Aztèques – est le nom d'un produit amer qui, d'abord peu apprécié par les conquérants espagnols, était devenu celui d'une boisson recherchée lorsque des nonnes très gourmandes eurent l'idée de le mélanger avec du sucre de canne agrémenté de vanille ou de cannelle.

Langues régionales et français des régions

Question 1

Réponse c)
D'après le site Internet « Ethnologue ».

Question 2

Réponse c)
À noter que le nom Lefèvre signifie le forgeron.

Question 3

Réponse b)
Le mot *benne* vient du gaulois.

Question 4

a) provençal. – b) gascon. – c) catalan. – d) corse.

Question 5

Réponse a)
Il s'agit de *Linguae Vascorum primitiae* de Bernard Etcheparre.

Question 6

Réponse c).
Elle a été fondée notamment par Frédéric Mistral.

Question 7

Réponses b) et d). On fête en 2009 les 50 ans de la publication de *Mireio* de Frédéric Mistral.

Question 8

Réponse a)
Avant le XVIe siècle, très peu d'actes publics étaient rédigés en langues vulgaires, que ce soit le français ou les autres langues parlées en France.

Question 9

Réponse b)

Question 10

Réponse b)
Il le reçoit conjointement à José Echegaray.

Question 11

Réponse b)
Il s'agit de la proportion de « bilingues » établie d'après la IVe *Enquête sociolinguistique* commanditée par la Communauté autonome basque d'Espagne. Le chiffre serait plus élevé en tenant compte des « bilingues passifs » (8,5 %).

Question 12

Réponses a), b), c) et d)
À Mayotte, outre le français, on parle le mahorais et le malgache.

Question 13

Réponse a)
D'où nombre de toponymes bretons tels *Kerredou*, *Kercadiou*, *Kergarec*, etc.

Question 14

Réponse a)

Question 15

Réponse a)

Question 16

Réponse b)

Question 17

Atua : tahitien. – Dēvel : tsigane (parler sinti). – Déu : catalan. – Diu : corse. – Doue : breton. – Jainko : basque.

Question 18

Réponse c)

Question 19

Réponse a)

Question 20

Le mot « gadzh » est du sinti, parler tisgane ; « erdaldun » est du basque.

Question 21
Le mot *chouraver* vient du tsigane ; *bagnole*, comme *benne*, vient du gaulois.

Question 22
Réponse a)

Question 23
Réponse b)
Le catalan est la langue officielle d'Andorre, indépendant depuis 1993.

Question 24
Réponse b)
Il s'agit d'un recueil de chants populaires recueillis (et très arrangés) par Théodore Hersart de la Villemarqué.

Question 25
Réponse b)
La transcription de Rabelais est cependant fautive et le sens de ses paroles échappe au lecteur.

Question 26
Réponse a)

Question 27
Réponse a)
Il s'agit d'écoles associatives et laïques où l'enseignement est dispensé en breton.

Question 28
Auvergne : auvergnat, forézien, vélaisien. – Centre : beauceron, berrichon, bourbonnais, briard, orléanais, percheron, solognot. – Bourgogne : bourguignon, brionnais, charolais, dijonnais, morvandiau, nivernais. Certains de ces parlers sont des langues d'oc (en Auvergne), d'autres des langues d'oïl (dans le Centre et en Bourgogne).

Question 29
Réponses a), c) et e)
Une *mille-goules* est une personne qui parle à tort et à travers et un *bouchaud* désigne l'ouverture d'une écluse.

Question 30
Réponse b)
Le mot *mounjo* vient du terme *monja* (ancien occitan) qui vient lui-même du terme latin *monacha*.

Question 31
Réponses a), b) et e). Dans le nord de la France, un *franc-picard* est un enfant dissipé, insolent, effronté.

Question 32
Réponse c)
Dans le nord-est de la France, on appelle *pinéguette* une jeune fille coquette, au caractère hardi et effronté.

Question 33
Escarasson : échelle à trois pieds pour la cueillette des fruits. – Daillon : petite faux à lame courte. – Rataillon : petite quantité de nourriture. – Draille : sentier.
Dans le Dauphiné, la draille est un ravin utilisé comme couloir de descente pour le bois coupé en montagne.

Question 34
Élone : escargot de Quimper. – Grignou : vagabond. – Godaille : part de la pêche qui revient à chaque marin d'un bateau. – Margate : seiche.
L'élone, reconnaissable à sa coquille plate, se trouve en effet surtout en Basse-Bretagne.

Question 35
Accrassiner : importuner. – Marmuser : chuchoter. – Emmalicer : pousser quelqu'un à la colère. – Encrotter : enterrer.

Question 36
Adoucir : domestiquer. – Emboucaner : fumer. – Débasculer : retirer le bout de bois qui bloque les fenêtres. – Fariner : pleuvoir finement.
Ainsi, en Nouvelle-Calédonie, vous pourrez entendre : *les hommes ont rassemblé le bétail sauvage pour l'adoucir* et *on emboucane le poisson tout juste pêché*. À La Réunion : *elle débascula tout doucement la porte pour s'enfuir* et *il a fariné toute la journée d'hier*.

Question 37
Il s'agit du pissenlit. Dans le Jura, on mange les dents-de-lion avec des petits lardons.

Question 38
Réponse g)
Il paraît que c'est aussi souvent le petit dernier !

Question 39
Réponse d)
En Alsace, l'*osterputz* est ce grand ménage que l'on effectue au sortir de l'hiver.

Question 40
Réponse d)
Vous voulez vous régaler ? Goûtez donc la compote de pommes aux carottes rouges confites.

Question 41
Réponse b)
En Picardie, le mois d'août désigne la moisson. On fait l'août, on aoûte les blés et on embauche des aoûteux.

Question 42
Masculin : toque-manette, pèque, becfigue, farda. – Féminin : tataragne, gineste, borde, banaste. Un pèque est un jeune enfant. Dans le Nord-Pas-de-Calais, le terme *pèque*, féminin, désigne la pêche.

Plats **du jour**

Question 1
Réponses a), b) et d)
On ajoute aussi traditionnellement de la vergeoise (sucre brun) pour contrebalancer l'amertume de la bière.

Question 2
Réponse d)
Les paquets sont, quant à eux, des tripes de mouton farcies.

Question 3
Réponse b)
Ce plat traditionnel de la cuisine gasconne contient aussi de la viande : du canard, du saucisson, des gésiers, etc.

Question 4
Le kig-ha-farz est un plat de semoule de blé noir cuit dans un pot-au-feu. Certains l'appellent le couscous breton !

Question 5
Biroulade : châtaignes. – Macaronade : pâtes. – Bourboulhade : morue. Garbure : chou.
La biroulade est une terrine de châtaignes préparée avec du vin blanc.

Question 6
Aligot : Midi-Pyrénées. – Baeckeoffe : Alsace. – Bouillabaisse : PACA. – Bourride : PACA. – Carbonade : Nord-Pas-de-Calais. – Cassoulet : Midi-Pyrénées. – Choucroute : Alsace. – Flammekueche : Alsace. – Gratin dauphinois : Rhône-Alpes. – Gratin de christophines : Guadeloupe. – Pissaladière : PACA. – Pommes sarladaises : Aquitaine. – Pounti : Auvergne. – Raclette : Rhône-Alpes. – Rougail saucisse : La Réunion. – Tartiflette : Rhône-Alpes. – Tielle : Languedoc-Roussillon. – Tournedos Rossini : Aquitaine. – Waterzoï : Nord-Pas-de-Calais.
Les pommes sarladaises sont cuites au four dans la graisse d'oie. On y ajoute quelquefois des truffes. Le pounti est un pain de viande agrémenté de pruneaux qu'on coupe en tranches. La tielle est une spécialité de Sète. C'est une tourte garnie de calamars et d'une sauce tomate épicée.

Question 7
Figatellu : saucisse de foie. – Lonzu : filet de porc fumé. – Coppa : faux-filet de porc fumé. – Prisuttu : jambon cru séché. Les gourmets recommandent de griller les figatelli (notez l'accord) au feu de bois.

Question 8
Réponse b)
Le bonbon au coquelicot est créé en 1870 par M. Desserey. Aujourd'hui, les fleurs de coquelicots sauvages sont toujours cueillies à la main sur les terres en jachère du canton de Nemours.

Question 9
Réponses d) et f)
On est souvent surpris en goûtant les macarons d'Amiens : contrairement aux macarons traditionnels, ce sont des palets moelleux parfumés à l'amande.

Question 10
a) 3. – b) 4. – c) 1. – d) 2.
Chaque année, le haricot fétiche du marais poitevin a sa fête à Frontenay-Rohan-Rohan.

Question 11
Réponse f)
Les taureaux sont élevés dans la région ; la viande de taureau camarguaise est l'une des rares viandes à bénéficier d'une AOC.

Question 12
Réponses a), c) et d)
La recette du poulet Célestine fut inventée au XIXe siècle par un jeune chef du restaurant du Cercle à Lyon. Amoureux de sa patronne (Célestine), il lui dédia ce plat.

Question 13
Il s'agit du jésus. Ce nom désigne également un saucisson sec lyonnais.

Question 14
Réponse d)
Les viandes boucanées font partie des plats traditionnels de La Réunion ; cette technique est aussi utilisée dans les Antilles.

Question 15
Réponse a)
Le potjevlesch est composé de morceaux de viandes en gelée. C'est un plat que l'on mange froid mais que l'on accompagne souvent de frites bien chaudes sur lesquelles la gelée fond…

Question 16
Réponse c)
La cervelle de canut est une préparation à base de fromage blanc agrémenté d'échalotes, de ciboulette, de sel et de poivre. On la mange traditionnellement avec des pommes de terre.

Plateaux **de fromages**

Question 1

Beaufort : Rhône-Alpes. – Brie : Île-de-France. – Brillat-savarin : Normandie. – Camembert : Normandie. – Chaource : Champagne-Ardenne. – Comté : Franche-Comté. – Crottin de Chavignol : Centre. – Époisses : Bourgogne. – Laguiole : Midi-Pyrénées. – Langres : Champagne-Ardenne. – Livarot : Normandie. – Maroilles : Nord-Pas-de-Calais. – Mont d'or : Franche-Comté. – Munster : Alsace. – Olivet : Centre. – Reblochon : Rhône-Alpes. – Rollot : Picardie. – Roquefort : Midi-Pyrénées. – Saint-marcellin : Rhône-Alpes.

Le maroilles est le fromage typique du Nord ; on l'utilise dans de nombreux plats, il en est même parfois la base comme dans la tarte au maroilles. Le livarot est entouré de quelques bandelettes qui lui confèrent le surnom de « Colonel ». À l'origine, ces bandelettes empêchaient ce fromage pauvre en matière grasse de s'affaisser pendant l'affinage. Au XIIIe siècle, le reblochon était fabriqué avec le lait peu abondant mais riche en crème de la seconde traite, une traite « illégale » sur laquelle les paysans ne payaient pas de taxe. Le brillat-savarin fut ainsi nommé en hommage au célèbre gastronome.

Question 2

Réponse c)

Malgré son apparence, la cancoillotte est un fromage pauvre en matières grasses.

Question 3

a) le cabécou : chèvre. – b) le pélardon : chèvre. – c) le roquefort : brebis. – d) le laguiole : vache. – e) le bleu des causses : vache.

Question 4

Réponse b)

On prépare traditionnellement cette confiture avec des noix.

Question 5

Réponse b)

L'aligot est une purée de pommes de terre dans laquelle on ajoute de la crème et de la tomme. On dit aligot dans l'Aubrac et truffade dans le Cantal.

Question 6

Réponses a), b) et d)

La région du Poitou-Charentes produit une grande partie des fromages de chèvre français.

Question 7

Réponse d)

On l'appelle d'ailleurs le carré nantais.

Question 8

Réponses a), b), c), e) et f)

Boissets est situé dans les Yvelines, toutes les autres communes sont situées dans la Brie, une région à l'est de Paris.

Douceurs **sucrées...**

Question 1

Maennele : pâte briochée ayant la forme d'un bonhomme. – Linzer : tarte à la confiture couverte de lanières de pâte. – Strudel : pâtisserie faite de pommes à la cannelle roulées dans une pâte fine. – Kougloupf : brioche en forme de couronne garnie de raisins secs.

Les maenneles ont aussi souvent la forme de Saint-Nicolas.

Question 2

Il s'agit de la praline rose. Les pralines sont des amandes qu'on fait revenir dans le sucre.

Question 3

Tarte Tatin : Centre. – Paris-Brest : Île-de-France. – Tarte aux mirabelles : Lorraine. – Far aux pruneaux : Bretagne. – Croustade : Midi-Pyrénées. – Blanc-manger : Martinique. – Toutché : Franche-Comté.

Le Paris-Brest est un gâteau inventé en l'honneur de la course cycliste du même nom. Il a d'ailleurs la forme d'une roue de vélo. Le blanc-manger est le plus célèbre des desserts créoles. On l'appelle souvent blanc manger coco.

Question 4

Maracuja : petit fruit rond et fripé dont la pulpe est juteuse et les grains croquants. – Carambole : fruit dont la forme rappelle une étoile à cinq branches. – Goyave : fruit de forme ronde dont la chair orangée est douce et sucrée. – Corossol : gros fruit à chair blanche dont la peau est hérissée de piquants.

La maracuja est l'autre nom du fruit de la passion.

Question 5

Il s'agit de Stanislas Leszczynski. C'est en trempant un kougloupf trop sec dans du vin que le roi Stanislas inventa le baba...

Question 6

Le cannelé : Bordeaux. – Le biscuit rose : Reims. – La madeleine : Liverdun. – La pogne : Lyon. – La teurgoule : Honfleur. – Le sucre de pomme : Rouen. – La brioche : Gisors. – La fouace : Caen.

Les cannelés tiennent leur nom du petit moule nécessaire à leur fabrication. La tradition veut qu'il soit en cuivre pour faciliter la caramélisation. Le sucre de pomme est un bâtonnet translucide, la fouace une sorte de fougasse sucrée et la tergoule, un riz au lait sucré.

Question 7

Réponse a)

Le matafan est un gâteau savoyard.

Question 8

Réponses a), c), d) et f)

Les mirabelles sont déclinées dans un grand nombre de plats, surtout dans les grands restaurants.

À consommer **avec modération…**

Question 1

Réponses a), c), d) et e)
Le banyuls est un vin doux du Languedoc-Roussillon.

Question 2

Réponse d)
On l'appelle d'ailleurs le vin jaune.

Question 3

Il s'agit de la badiane. Le pastaga, comme on dit dans le Sud, est en effet fabriqué à partir de badiane et de réglisse macérées.

Question 4

Trois étoiles : au moins 2 ans. – Réserve : au moins 4 ans. – Grande réserve : au moins 6 ans.
Le cognac est une eau-de-vie de vin produite dans la région de Cognac en Charente.

Question 5

Le vin de paille : Franche-Comté. – Le blanc aligoté : Bourgogne. – Le pineau : Poitou-Charentes. – Le Beaumes de Venise : PACA. – Le cognac : Poitou-Charentes. – L'armagnac : Aquitaine. – Le calvados : Normandie. – Le grand-marnier : Île-de-France. – Le chouchen : Bretagne. – Le génépi : Rhône-Alpes. – La mirabelle : Lorraine. – Le genièvre : Nord-Pas-de-Calais. – L'apremont : Rhône-Alpes. – Le bergerac : Aquitaine. – Le bandol : PACA. – Le collioure : Languedoc-Roussillon.

Le bourgogne aligoté est un vin blanc léger qu'on boit jeune. Le grand-marnier est fait à base de plusieurs cognacs et d'essence d'orange. C'est le secret de la crêpe Suzette. Le génépi est une plante des Alpes. La tradition veut qu'on mélange avec l'alcool 40 brins et 40 sucres pendant 40 jours pour obtenir la liqueur. L'Apremont est un vin de Savoie ; il accompagne tous les plats de la région.

Question 6

Réponse a)
La liqueur d'angélique contient de l'angélique, du cognac, du sucre et de l'eau distillée.

Question 7

Cointreau : orange. – Guignolet : griotte. – Chouchen : miel. – Calvados : pomme.
Le cointreau est produit dans la région d'Angers.

Question 8

Réponse a)
La cépage Isabelle, d'origine américaine, a été introduit à La Réunion dès la colonisation. Il a été aujourd'hui remplacé par des cépages plus nobles.

Hauts lieux **de culture**

Question 1
Musée des Beaux-Arts et de la Dentelle : Calais. – Musée de la Bonneterie : Troyes. – Musée de l'Image et de l'Imagerie : Épinal. – Musée de la Vigne et du Vin : Arbois. – Musée du Chocolat : Biarritz. – Musée de la Bande dessinée : Angoulême.
Au musée des Beaux-Arts et de la Dentelle, vous pouvez découvrir l'histoire des activités dentellières de la ville. Vous pouvez aussi y voir les études du sculpteur Auguste Rodin pour le monument *Les Bourgeois de Calais*.
Dans le musée de la Vigne et du Vin, vous pouvez observer des pressoirs de différents siècles ainsi que tout le matériel de vinification nécessaire à la production du célèbre vin d'Arbois.

Question 2
Musée de l'Atelier de Paul Cézanne : Aix-en-Provence. – Musée Ingres : Montauban. – Musée Toulouse-Lautrec : Albi. – Musée Paul-Gauguin : Pont-Aven. – Musée Léon-Dierx : Saint-Denis-de-la Réunion. Le musée Léon-Dierx rassemble entre autres des œuvres collectionnées par le marchand d'art Ambroise Vollard, d'origine réunionnaise.

Question 3
Festival international de la Bande dessinée d'Angoulême : Janvier. – Carnaval de Dunkerque : Février. – Carnaval des Deux-Rives à Bordeaux : Mars. – Printemps de Bourges : Avril. – Féria de Nîmes : Mai. – Écluses en fête dans l'Hérault : Juin. – Eurockéennes de Belfort : Juillet. – Fête de la Mirabelle à Metz : Août. – Braderie de Lille : Septembre. – Festival des Cathédrales de Picardie : Octobre. – Festival du Film de la Réunion : Novembre. – Transmusicales de Rennes : Décembre.
Les Eurockéennes de Belfort existent depuis 1989. Pendant trois jours, les festivaliers envahissent les champs environnants. Plus de 100 000 spectateurs…

Question 4
Réponse a)
L'ouverture est prévue en 2010. Ce centre a été conçu par les architectes Shigeru Ban et Jean de Gastines.

Question 5
Lille : la Grand'Place, la Vieille Bourse, l'hospice Comtesse. – Paris : le musée d'Orsay, le parc Monceau. – Dunkerque : l'église Saint-Éloi, le marché au poisson place Minck, le Musée portuaire.
La Grand'Place de Lille est officiellement la place du Général-de-Gaulle.

Question 6
Perpignan : le palais des rois de Majorque, la Loge de mer, le Musée catalan. – Toulouse : le pont Neuf, le musée des Augustins, la Cité de l'espace. – Montpellier : la tour de la Babote, le Corum, le Musée languedocien.
La Loge de mer est un édifice gothique sur la place de la Loge à Perpignan. Elle fut autrefois un tribunal de mer, puis une bourse pour les armateurs. Elle abrite aujourd'hui un café.

Question 7
a) 2. – b) 4. – c) 1. – d) 3.
Saviez-vous que le sculpteur du lion de Belfort est aussi l'auteur de la statue de la Liberté, Bartholdi ?

Question 8
a) 4. – b) 3. – c) 2. – d) 1.
Avez-vous reconnu le piton de la Fournaise sur l'île de La Réunion ?

Question 9
Réponse a)
Alors que la ville a été lourdement touchée lors de la Seconde Guerre mondiale, la cathédrale Saint-Pierre de Beauvais a été totalement préservée. Elle est un modèle de l'architecture gothique et son horloge astronomique compte quelque 90 000 pièces.

Question 10
Réponse c)
De style gothique, cette cathédrale située sur la place Saint-Pierre à Nantes mesure 63 m de haut. On peut y admirer le tombeau du duc François II de Bretagne et de son épouse.

Question 11
Réponse a)
Vous pouvez aussi voir trois vitraux de Chagall dans la cathédrale Notre-Dame de Reims.

Question 12
Réponse a)
Toutes ces toiles représentent le portail ouest de la cathédrale de Rouen, éclairé selon la couleur du ciel. *Harmonie bleue et or*, *Harmonie brune*, *Harmonie bleue* : les titres évoquent l'ambiance particulière du moment de la journée.

Question 13
Réponse b)
L'abbaye de Fontenay fut construite selon les principes de Saint-Bernard : simplicité et dépouillement.

Question 14
Réponse d)
La Merveille est l'une des deux principales parties de l'abbaye. Elle fut construite en seize ans, un record pour l'époque.

Question 15
Réponse c)

Le Grand Kursaal peut en effet accueillir plus de 1 000 personnes. Sur son plafond en coupole sont peintes des scènes de cirque.

Question 16
Réponse b)
Construite en 1858, elle est devenue alors le nouveau point d'entrée dans la ville de Lille par la route de Dunkerque.

Question 17
Réponse b)
La place Bellecour est la plus grande place de Lyon. Elle a plusieurs fois changé de nom… place Royale, place de la Fédération, place de l'Égalité, place Bonaparte, place Napoléon et enfin place Bellecour.

Question 18
Réponse a)
Le monument aux Girondins est une colonne qui a été dressée en mémoire des députés girondins victimes de la Terreur.

Question 19
Réponse e)
L'hôtel Negresco fut construit en 1912. Sa verrière fut conçue par Gustave Eiffel.

Question 20
Réponse b)
On l'appelait alors tour du Garrot car c'est avec un nœud coulant – un garrot – que l'on désarmait à son pied les bateaux.

Question 21
Réponse b)
Il fut construit par Nicolas Perrenot de Granvelle. Il abrite aujourd'hui le Musée du Temps de Besançon (collection d'horlogerie).

Question 22
Réponse c)
Le château de Thoury est situé en Auvergne, bien au nord du pays cathare.

Question 23
Réponse b)
Il s'agit d'une représentation de *L'Apocalypse* de Jean, réalisée à la fin du XIVe siècle.

Question 24
Réponse a)
Construit sur les ruines d'une forteresse au XVe siècle, le château d'Ussé est réputé avoir inspiré Charles Perrault pour son conte *La Belle au bois dormant*.

Question 25
Réponse b)
Ce château comporte une partie féodale, acquise par Jacques Ier de Chabannes en 1430, et une aile Renaissance que fit construire son petit-fils au début du XVIe siècle.

Question 26
Réponse a)
Le château de Fontainebleau se situe au sud-est de Paris. Sur le territoire de chasse des rois de France, il fut construit sous le règne de François Ier.

Question 27
1. CÉZANNE. – **2.** ÉLÉPHANTS. – **3.** VOLUPTÉ. – **4.** CHORÉGIES. – **5.** CROISETTE. – **6.** RAMATUELLE.

Question 28
Réponse b)
Construit à l'époque de l'empereur romain Auguste, il mesure plus de 100 m de diamètre.

Question 29
Réponse b)
Il s'agit d'un vestige de l'ancienne enceinte médiévale de Metz, à la fois porte et pont fortifiés.

Illustres **Français**

Question 1
Antoine Watteau : Valenciennes. – Philippe Noiret : Lille. – Denis Diderot : Langres. – Didier Super : Douai.
À Langres, pour le centième anniversaire de la mort du philosophe en 1884, la ville a donné son nom à une place et commandé une sculpture en bronze au sculpteur Bartholdi.

Question 2
Les Marquises : Jacques Brel. – *Dans la rue des Blancs-Manteaux* : Juliette Gréco. – *Brest* : Christophe Miossec. – *Marie-Galante* : Laurent Voulzy.
Malade, Jacques Brel vécut la fin de sa vie dans l'archipel des îles Marquises. Il y est enterré, près de Paul Gauguin.

Question 3
Réponse a)
Paul Valéry est né à Sète en 1871. Le cimetière marin où il est enterré est le thème de l'un de ses poèmes.

Question 4
Réponse b)
Un seul de ces auteurs n'a en effet pas encore écrit de bande dessinée : Amélie Nothomb.

Question 5

Émile Gallé : Nancy. – Michel Platini : Jœuf. – Patricia Kaas : Forbach. – Jean Arp : Strasbourg.
Le verrier Émile Gallé est l'un des artistes les plus importants de l'école de Nancy, mouvement phare de l'Art nouveau en France.

Question 6

Réponse a)
Aimé Césaire fut aussi député de la Martinique durant quarante-huit ans.

Question 7

Réponse e)
Cette maison créole a vu naître le poète Léon Dierx en 1838 ainsi que Raymond Barre en 1924.

Question 8

Réponse f)
Jean-Marie Colombani, directeur du journal *le Monde* de 1994 à 2007, n'est pas un enfant de l'île de beauté ; il est néanmoins né sous le soleil, à Dakar.

Question 9

Olivia Ruiz : Carcassonne. – Alphonse Daudet : Nîmes. – Georges Brassens : Sète. – Aristide Maillol : Banyuls-sur-Mer. – Marcel Pagnol : Aubagne. – Henri Bosco : Avignon.
Les romans et les films de Marcel Pagnol ont pour cadre les collines de ses souvenirs, aux alentours d'Aubagne. Georges Brassens, lui, dédie plusieurs de ses chansons à la ville de son enfance dont la fameuse *Supplique pour être enterré à la plage de Sète*.

Question 10

1. ROBUCHON. La star des fourneaux anime des ateliers, présente des émissions, ouvre des restaurants et compare tout simplement la cuisine à la musique : il faut apprendre le solfège avant de composer.
2. LEMERCIER. On ne résume pas Valérie Lemercier à un rôle mais personne n'oubliera son indignation quand Jacquouille utilise son « poncho » en guise de serpillère…
3. COLETTE. De ces souvenirs naît toute la série des *Claudine* : *Claudine à l'école, Claudine à Paris, Claudine en ménage*, etc.
4. BATAILLE. Le premier roman de Georges Bataille, *Histoire de l'œil*, décrit crûment les perversités sexuelles de deux adolescents.

Question 11

Réponse b)
François-René de Chateaubriand est enterré à Saint-Malo, face à la mer selon ses dernières volontés.

Question 12

L'abbé Pierre : les Compagnons d'Emmaüs. – Bernard Kouchner : Médecins du monde. – Coluche : les Restos du cœur. La première communauté d'Emmaüs voit le jour en 1949 quand l'abbé Pierre rencontre et recueille un homme seul et désespéré. Au fil du temps, de nombreuses autres communautés sont créées, pour la plupart financées par les dons et la revente d'objets de récupération.

Question 13

Réponse b)
Ambroise Vollard a rencontré beaucoup de monde… mais il n'a pas pu rencontrer Eugène Delacroix, mort en 1863, avant sa naissance (1866).

Question 14

Réponse b)
Il est assassiné au château de Blois sur ordre d'Henri III à qui il s'opposait.

Question 15

Réponse b)
Assassiné par le moine Jacques Clément, il meurt dans la nuit du 2 août 1589. La dynastie des Valois s'éteint avec lui. Son successeur est son frère Henri de Navarre qui régnera sous le nom de Henri IV.

Question 16

Réponse a)
Président de la République française de 1887 à 1894, Sadi Carnot est assassiné par l'anarchiste italien Sante Caserio.

Question 17

Réponse a)
Le 31 juillet 1914, trois jours avant le début de la Première Guerre mondiale, Jean Jaurès est assassiné au *Café du Croissant* par Raoul Villain, nationaliste qui le prenait pour un traître à la solde de l'Allemagne.

Question 18

Réponse b)
Il est assassiné par le groupe Action directe, plus précisément *Commando Overney*, du nom d'un militant maoïste tué par un agent de sécurité de chez Renault en 1972.

Question 19

Réponse a)
Victor Baltard (1805-1874) a réalisé les halles de Paris (1854-1870), qui ont été démolies en 1973 et dont il ne reste notamment que le pavillon Baltard, classé monument historique et remonté à Nogent-sur-Marne.

Question 20

Réponse c)
Les peintres de l'école de Pont-Aven sont avant tout réunis par un lieu : ce petit village breton de Pont-Aven, où ils séjournaient régulièrement et pouvaient échanger leurs idées.

Question 21

Roland Garros : Saint-Denis. – Henri Salvador : Cayenne. – Philippe Lavil : Fort-de-France. – Marie-José Perec : Basse-Terre.
Roland Garros fut un grand cycliste et l'un des premiers aviateurs français.

Question 22

Réponse a)
Pour le 150e anniversaire de la naissance de Jules Verne en 1978, la ville a consacré un musée à l'écrivain.

Villes et villages de France

Question 1

Metz : 282 km. – Épinal : 313 km. – Strasbourg : 400 km.
Notez que Nancy et Metz sont à la même distance de Paris.

Question 2

Réponse c)
Grenoble est desservie par l'A41, l'A48, l'A49, l'A51 mais pas l'A7.

Question 3

La Rochelle : 130 km. – Bordeaux : 220 km. – Paris : 330 km.
Avec le TGV, en revanche, vous êtes plus vite à Paris (1 h 27) qu'à Bordeaux (1 h 45) !

Question 4

Réponse b)
Le pont du Gard est composé de trois niveaux. Il mesure 49 m de haut, soit l'équivalent d'un immeuble de quinze étages.

Question 5

Réponse a)
Inauguré en avril 2006, le tramway de Valenciennes n'en est qu'à ses débuts. Il devrait permettre, au terme de la dernière phase de construction, de desservir directement dix-huit communes.

Question 6

Paris : réponses a) et f). – Lille : réponses b) et e). – Lyon : réponses b) et f). – Marseille : réponses a) et f). Le Panier est bien un quartier de Marseille, mais ce n'est pas le nom d'une station de métro.

Question 7

Bordeaux : réponse d). La Garonne, qui traverse Bordeaux en suivant un arc de cercle, est à l'origine de ce symbole. – Nancy : réponse c). – Angers : réponse d). La clé évoque la place forte. Au-dessus, deux fleurs de lys font référence à l'apanage royal.

Question 8

Réponse b)
Depuis 1987, Marseille est découpée en huit secteurs comprenant deux arrondissements chacun. Les 7e et 8e secteurs sont appelés les « Quartiers Nord ».

Question 9

Réponses a), b) et c)
Brumath, Obernai et Ostwald sont des communes du Bas-Rhin.

Question 10

Réponses a), f) et h)
Ces villages sont restés des communes indépendantes, tandis que les autres sont aujourd'hui des quartiers parisiens.

Question 11

Réponse a)
La ville de Lyon est divisée en neuf arrondissements.

Question 12

Réponse c)
Longue de 4 300 m, elle s'étend sur les 6e et 15e arrondissements de Paris. Avant son annexion en 1960, Vaugirard était le nom d'un village où menait cette voie.

Question 13

Réponse c)
Ce marché regorge d'étals colorés installés place de la Nouvelle-Aventure à Lille.

Question 14

Réponse b)
Les deux autres lycées sont également situés à Strasbourg.

Question 15

Réponse a)
Située 4, place Graslin à Nantes, face à l'Opéra, la *Cigale* est une brasserie plus que centenaire, œuvre de l'architecte céramiste Émile Libaudière.

Question 16

Réponse c)
L'horloge astronomique se trouve dans la cathédrale Saint-Jean. Elle fut construite quand l'ancienne horloge publique de Besançon s'arrêta de fonctionner. C'est un chef-d'œuvre du genre.

Question 17

Réponse b)
La Petite France doit son nom à un hôpital réservé aux soldats de François Ier malades atteints de la syphilis, appelée alors le « mal français ».

Question 18

Il s'agit du basalte. Dans le Massif central, l'architecture montre la nature des roches : les murs du Tarn sont faits de blocs de calcaire, ceux du Limousin de granit et ceux d'Auvergne de basalte.

Question 19

Réponse c)
Parmi les vins de Saint-Émilion figurent les plus grands crus de France : château Cheval Blanc, château Figeac, château Angélus et bien d'autres…

Question 20

La place des Palmistes : Cayenne. – La place des Cocotiers : Nouméa. – La place de la Savane : Fort-de-France. – La place Tarahoi : Papeete.
La place des Cocotiers sert de point d'origine (km 0) au kilométrage des routes de Nouvelle-Calédonie.

Question 21

La dentelle : Calais. – Le cristal : Baccarat. – La porcelaine : Limoges. – La toile : Jouy. – La pipe : Saint-Claude. – L'image : Épinal. – La porcelaine : Sèvres. – La faïence : Gien. – Les émaux : Longwy. – Le couteau : Laguiole. – La tapisserie : Aubusson. – Le mouchoir : Cholet.
Verte, rouge, bleue, jaune… c'est toujours dans une seule couleur que sont les motifs de la toile de Jouy.

Question 22

Réponse b)
Vieille de plus de six siècles, la tapisserie d'Aubusson a beaucoup souffert du succès du papier peint. Mais des artistes du XXe siècle comme Vasarely ont permis de redonner un avenir à cette activité. Les tapisseries aussi peuvent être modernes.

Question 23

Réponse a)
Situé à Ambert en Auvergne, le moulin Richard de Bas comporte des bâtiments qui remontent au XVIe siècle.

Question 24

a) 2. – b) 1. – c) 4. – d) 3.
On compte en France une quarantaine de races bovines.

Question 25

Marius et Jeannette : Marseille. – *L'Horloger de Saint-Paul* : Lyon. – *Bienvenue chez les Ch'tis* : Bergues. – *Le Soleil se lève aussi* : Biarritz. – *Et Dieu créa la femme* : Saint-Tropez. – *Il y a longtemps que je t'aime* : Nancy. – *La Demoiselle d'honneur* : Nantes.
Marius et Jeannette vivent en effet à l'Estaque, le quartier de Marseille fétiche du réalisateur Robert Guédiguian.

Question 26

Chacun cherche son chat : 11e arrondissement. – *Chansons d'amour* : 10e arrondissement. – *Le Fabuleux destin d'Amélie Poulain* : 18e arrondissement. – *Les Aventures de Rabbi Jacob* : 4e arrondissement.
Le Café des deux moulins où travaille Amélie Poulain se situe près de Montmartre.

Question 27

Le Bal du Moulin de la Galette d'Auguste Renoir : Île-de-France. – *Impression, soleil levant* de Claude Monet : Haute-Normandie. – *Autoportrait au Christ jaune* de Paul Gauguin : Bretagne. – *La Montagne Sainte-Victoire* de Paul Cézanne : Provence.
Paul Cézanne a peint cent quarante-quatre huiles et quarante-trois aquarelles de la montagne Sainte-Victoire.

Question 28

Lille : *La Voix du Nord*. – Nancy : *L'Est républicain*. – Besançon : *L'Est républicain, Paris Turf*. – Grenoble : *Le Dauphiné libéré*. – Montpellier : *Midi libre*. – Bordeaux : *Sud-Ouest*. – Nantes : *Ouest France, Presse Océan*.
Le Progrès est un journal distribué en région Rhône-Alpes. *Le Républicain lorrain* est un quotidien diffusé en Moselle et dans le nord de la Meurthe-et-Moselle (Nancy est au sud). *L'Indépendant* est diffusé dans la région de Perpignan. *L'Est-Éclair* est un quotidien de Troyes. *Le Courrier picard* est logiquement un quotidien de Picardie et *L'Yonne républicaine* le journal du matin des Auxerrois. *Var matin* est diffusé dans le Var. *L'Union* est, quant à lui, le quotidien lu à Reims. *La Montagne* n'est pas le journal des Alpes mais celui d'Auvergne. *Le Courrier de l'Ouest* est le quotidien lu à Angers.

ÉDITIONS
GARNIER

Le Vocabulaire du français des provinces

La langue française à travers ses régions…

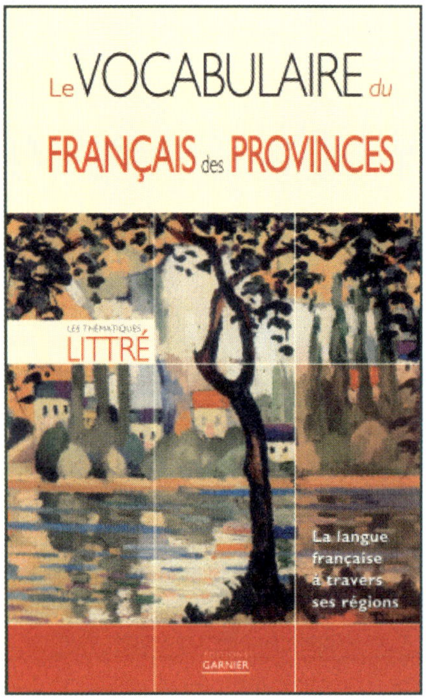

• Si la *barboulotte* est une coccinelle en Bourgogne, l'escargot, lui, est appelé *cagouille* en Charentes. Quant au *nez-de-chat*, c'est un vent frais dans le Jura à ne pas confondre avec le *nez-de-chien* ou *de-cochon* qui, en Alsace, désigne un hérisson !

• ***Le Vocabulaire du français des provinces*** recense et définit ainsi plus de 5 000 mots en usage dans les régions de l'hexagone. Patiemment collectés, ils dressent un **portrait de la France** à travers ses spécialités gourmandes (de la *navette* provençale à la *babelutte* du Nord), sa géographie, ses traditions et ses techniques, ses expressions imagées et son franc-parler.

• Cet ouvrage inédit offre au lecteur un voyage à travers les **trésors linguistiques des régions françaises**.

Fiche technique : 160 x 257 cm • 384 pages • Couverture cartonnée 20/10, dos rond, tranchefile • Prix public TTC : 25 €

Le Vocabulaire du français des provinces été réalisé sous la direction générale de **Claude Blum,** Professeur à la Sorbonne.

Coordonnée par Caroline Moulart, l'équipe des rédacteurs est constituée de nombreux chercheurs et lexicographes issus de l'Université française.

Bon de commande (HS CLF)

à retourner complété à :
Éditions Garnier
12, rue de la Montagne Sainte-Geneviève
75005 Paris
Tél : 01 46 34 77 77

Titre	EAN	Quantité	PP TTC
Le Vocabulaire du français des provinces	9782351840115		25 €
Total			

Livraison :
Nom : .... Prénom : ....
Adresse : ....
....
Code postal / Ville : ....
Tél. : .... E-mail : ....

Joindre un chèque, à l'ordre de : Éditions Garnier.

Signature (obligatoire) :

Offre valable en France métropolitaine jusqu'au 31/12/2009 et dans la limite des stocks disponibles.

Éditions Garnier - Sarl au capital de 10 000.00 euros - RCS Paris : B 479 974 735– Siret n° 479 974 735 00017 – TVA FR54 479 974 735